与最聪明的人共同进化

CHEERS

HERE COMES EVERYBODY

工程
管理的
要素

An Elegant
Puzzle

[美]威尔·拉森 著
Will Larson

浙江教育出版社·杭州

王琰 来梦露 魏胜群 译

测一测

你对"工程管理"了解多少?

扫码加入书架
领取阅读激励

扫码获取全部测试题及答案,
一起了解"工程管理的要素"

- 产品经理需要理解用户需求,工程经理不需要,这是对的吗?( )

  A. 对

  B. 错

- 一名工程经理应该为至少多少名工程师提供支持? ( )

  A. 5 人

  B. 8 人

  C. 15 人

  D. 20 人

- 技术领导者的职业阶梯越往上机会越少,这是对的吗? ( )

  A. 对

  B. 错

扫描左侧二维码查看本书更多测试题

像工程师一样思考

韦青

微软（中国）公司首席技术官

何为工程师？首先我们要理解何为工程。按照《说文解字》的解释，"工"有巧饰的意思。南唐文字训诂学家徐锴说："为巧必遵规矩、法度，然后为工。""程"有路程、过程、步骤或者规程的含义。"工"与"程"二字结合起来，就是按照一定的流程、标准和规则精巧地创造有价值的器物和培养能力的过程。再加上一个"师"字，强调的就不仅是做这件事的过程与结果了，还强调做这件事的人。

中国是一个工程师大国，依靠着千百万名勤勤恳恳、任劳任怨的工程师，为人类做出了众多伟大的工程成就，为百姓福祉、社会进步、民族复兴和国家兴盛做出了巨大的贡献。但我认为，工程师作为一种极具专业性的职业，并未得到应有的关注和尊重。

人们很容易凭表象把工程师理解成一群只知"苦哈哈"埋头工作、缺乏情趣之人。同时，由于社会，甚至包括工程师群体自身对工程师这种职业的偏见、轻视或者抵触，人们经常不重视工程师这种伟大职业的终身能力培养，过多地把心思放在对工程师职称的计较上，有时甚至会为应该称某人为工程师还是高级工程师而争得面红耳赤。殊不知，工程师是一种值得一个人终身追求的"职业"，为人类做贡献则是这种伟大职业的职责。一名工程师可以因为对社会做出的贡献而获得应有的"职称"，但是反过来，如果有了职称而没有实现对社会的贡献和自身能力的终身培养，那么这种职称反而会成为阻碍自身发展甚至破坏自身职业成长的枷锁。

"卓越工程师系列"的两位作者，一位是来自优步、雅虎等顶尖企业的工程主管威尔·拉森，他是享誉世界的工程师，他通过《技术领导力的要素》（*Staff Engineer*）与《工程管理的要素》两本书告诉我们，一名工程师的成长路径是怎样的。一名优秀的工程师，绝不会仅靠努力工作就能实现自己的追求；一名优秀的工程领导，也绝不会仅凭拥有一个看似耀眼的头衔就能够管理好工程项目与团队。

对一名工程师而言，对技术的掌控力和对技术趋势的洞察力是其最基本的技能。除此之外，所有人应有的"软实力"，比如待人接物、组织建设、协调沟通、推广交流和应对复杂与不确定性的本领与实践，也是一名工程师不可或缺的基础能力。为什么？因为工程师也是人，或者说，工程师首先是人。

在本系列的第三本书《软件设计的要素》（*The Essence of Software*）中，作者丹尼尔·杰克逊（Daniel Jackson）向工程师们提出了一个尖锐的问题：为什么有些软件设计得一鸣惊人，而有些却一败涂地？软件是一个复杂的巨系统，这本书以系统化的视角和以人为本的价值观，为软件设计者提供了一个全新的变革性视角。

在我看来，要想成长为一名优秀的工程师，首先要学会如何做人。人都做不好，如何做好一名工程师？

其次，要有科学精神和技术能力。想要高效解决复杂系统性问题，预见尚不存在的"结构"，做到跨越性创新，工程师思维是一个可以安心依靠的利器。

工程师不只要做事，而且要务实且有效地做事。工程方法与科学精神和技术能力构成一个有机的整体，相辅相成，唯一的不同是侧重点不同。科学重在永无止境地探索，不怕犯错，永远在改错的路上；技术重在能力的提高，不断利用科学知识的进步和工程实现的结果拓展技术能力的边界；而工程方法则是在有限的条件下灵巧、务实地实现人类的共同目标。

那么如何"务实"，如何"探索"，如何"提高"，如何"灵巧"？这就是湛庐文化"卓越工程师系列"图书希望给读者带来的答案。

要是由我来总结，我可以说这套书是由两名始终在工程一线的工程师写出来的实践之学，不是让我们照搬照抄的，而是拿来借鉴和体悟的。如同大火的《奥本海默》电影中的一句台词："……理论只能把你带到这么远……"剩下的都是工程的实践，但实践是最难的，因为它要变成一种习惯。

悟性就在你的脚下。

"局内人"视角，
工程师的思考内核

当我下定决心写《技术领导力的要素》和《工程管理的要素》时，我真心希望有人愿意花时间阅读它们。到目前为止，这两本书已经售出超过10万册，但在书中的思想影响整个软件工程行业之前，我们还有很长的路要走。

我能够清晰地看到，中国、中国的软件工程师和中国的企业家将对未来的软件行业产生深远的影响。在参与优步进入中国市场（随后退出）的项目运营时，我本人第一次清楚地认识到这一点。我们非常努力地提升优步打车软件在该领域的竞争力，但最终还是败给了滴滴团队。随着中国在创造独角兽科技公司方面的作用越来越大，以及中国在风险投资领域所产生的影响不断提升，我的这一认识也越发深刻。这两本书中的思想如果能够在塑造中国未来方面发挥微若星火的影响，我便心满意足了。

《工程管理的要素》和《技术领导力的要素》完全不同。《工程管理的要素》侧重于介绍我在优步和Stripe快速扩张期间管理和领导工程师时获得的经验。这本书记录了我在那段职业生涯中发现的有价值的思维模式和方法。如果你是一名工程领导，尤其是一名工程经理，我认为这本书对你来说很有用，可以帮助你思考公司和工程组织是如何运作的，以及作为参与者，你该如何改进它们。

《技术领导力的要素》的重点在于，我在深耕这个行业的过程中遇到的那些重大难题：有些人希望一直做工程师，并不想成为工程经理，很显然，他们的职业发展之路在很大程度上是语焉不详的；很多人并不想成为工程经理，但最终还是选择了这条转型之路；很多人对高级工程师受重视的原因存在误解，并将自己的职业生涯构建在这种误解之上。本书给出了我本人对高级工程师职业发展的见解，并且通过我对业内知名公司经验丰富的"主管+"工程师的访谈，呈现更为全面的观点。

很多介绍技术转型和职业生涯的作品，采用的是与多家公司有过短暂合作的顾问的视角。这类作品的价值在于作者经验的广度：作者的咨询经验能够帮助读者在相对较短的时间内认识许多不同的公司。此外，在我看来，咨询顾问的视角属于"局外人"视角，因为他们只是短暂接触过每一家公司。

"局外人"的观点自有其价值，内部人士的观点同样如此。作为深入项目的"局内人"，你要对项目全权负责；你既是系统的开发者，也是使用者，因此你必须在这两个方面做好平衡。《工程管理的要素》和《技术领导力的要素》能够集结成册，离不开我与两家颇具代表性的硅谷初创公司优步和Stripe 的"深入接触"。在我供职期间，这两家公司都是美国高价值的私营公司。这两家公司的快速扩张期就好比一个工程实验室，即使你的公司处于起步阶段，你在这个实验室里学到的经验教训，对你的公司来说也很有价值。

这两本书的内容也离不开我的"实践者"视角。尽管我对"工程师和工程组织取得成功的决定因素"有着十分清晰的认知，但我并不想兜售"成功梦"。我想分享的是我学到的方法及背后的原理。这两本书不是理论手册，也不是成功指南。它们是我的一手经验，是我的心得感悟，以及我通过访谈从其他高级管理者那里"借来"的他们的一手经验。

　　虽然这两本书是我专门为软件工程师和工程经理写的，但我没想到，其他岗位的人也会认为这两本书很有价值。我收到过产品经理、营销人员、招聘人员和许多其他行业从业者的反馈，他们介绍了书中的观点和建议如何化解他们工作中的难题，以及怎样帮助他们与工程师更顺畅地合作。你不需要拥有软件工程或计算机科学背景，只要你对编写软件和发展工程组织的艺术感兴趣，就可以读一读这两本书。

　　多年来，一些读者指出，这两本书里提到的情况并没有反映他们的具体情况，这是必然的。在一家快速发展的公司工作与在一家小公司、停滞不前的公司或走下坡路的公司工作，体验必然不同。任何内容都有其局限性，但希望你能从中找到有价值的部分。

　　如果幸运的话，我们今天的一小部分经验最终会成为未来软件工程行业最为普遍的做法。虽然软件工程师这一职业不再处于婴儿期，但相比大多数职业，它刚刚进入青春期。机械工程师、律师、医生，以及其他许多行业的从业者，比我们拥有更多实践经验。本着这种精神，我并不希望你全盘接受书中的所有观点，如果它们能对你有所启发，能帮助你形成更为清晰的认知，那便是我写作这两本书的最大意义。我们只有真诚地交流复杂的想法，检验哪些想法对我们自己真正有效，并不断完善自己对"如何成为有效的工程领导者"的理解，才能推动软件工程行业向前发展。

一场领导力与技术的探索之旅

我的第一篇博文发布于 2007 年 4 月 7 日，标题是《寻找我们的编程流程》(*Finding Our Programming Flow*)，内容算不上好。那一年，我写了 69 篇博文，最后一篇是《宫岛和广岛》(*Miyajima and Hiroshima*)，内容是我在日本教英语时拍摄的旅行照片。第二年，也就是 2008 年，我写了 192 篇博文，但我在写作方面还有许多不足之处。

后来我又写了 200 多篇博文，又花了 10 年时间才在书面表达方面摸索出一点门道，也犯过很多错误，个中经历或许值得一读。我很幸运，那段时间我刚好在 Stripe 公司工作。在 Stripe 公司这样的环境中，人们经常做出一些在其他环境中看起来很难实现的事情，比如创办一本科技杂志或出版一本书。

这本书幸运地将我在 Stripe 公司的快乐时光、10 年的写作经验、10 年的领导力以及管理方面的心得相结合，也是我有幸与同事们共事的产物，他们建议我将从前的文章收入此书。

希望每位读到这本书的人都能有所收获。

破解技术管理之路上的
优雅谜题

有人成为管理者是为了服务公司，有人成为管理者则是为了一己私利，牺牲对当前角色的热爱只为换取未来的升职加薪。还有些人最初走上管理岗位是因为受够了上级领导，坚信如果自己做管理，可以做得更好。

以上种种都不是我成为管理者的初衷。

不管最初是什么动机让你成为管理者，你都会觉得自己走上了一条麻烦重重的道路。经验丰富的管理者很少，且只有优秀的公司才愿意培养管理者。

面向管理者的培训项目非常少见，也难怪人们普遍认为今天的管理者大多欠缺经验。在我的管理生涯早期，曾有一位同事将我视作他共事过的最好的领导，我倍感荣幸；而另一位同事在与我共事几年后，宣布我是最差的领导。

虽然在硅谷，小型初创公司挑战科技巨头屡屡失败，但绝大多数技术型公司都用心良苦，期待有朝一日能蜕变为一家成功的企业，而且这些企业的管理者是那些还在学习如何成为管理者的人。他们总会在意想不到的地方跌倒。对许多这样的人来说，他们是在企业面临工程管理领域的危机时临危受命，他们接受的训练则是一连串的艰苦考验。

诚然，这是我的经历：我的管理之路始于 Digg 公司，2010 年的两次裁员为我创造了条件。我没想到，我在上一份工作中接受的三次一对一指导并未帮助我形成一套严格的管理模式，那时我完全不知道自己究竟在做什么。

此后的几年里，我一直有意识地培养自己的管理能力，阅读了大量与管理有关的文章，包括那些与"管理"主题看似无关的内容。我找到了一些非常有用的资源（其中许多我已经在"附录"中列出），但那些好不容易找到的答案接下来又被淹没在了不断增加的问题海洋里。

直到我有幸加入优步（Uber）和 Stripe 公司，才有机会通过无穷无尽的挑战，来完善我的管理方法：优步的工程团队在两年内从 200 人增加到 2 000人。之后我在 Stripe 公司也经历了类似的团队成员数量快速增长的情况。

在快速成长的公司中，管理工作鲜少风平浪静，但我从未找到比管理工作更好的学习和成长路径。

随着经验越来越丰富，我对管理尤其是工程管理的理解日渐深入。我开始认识到，这个领域有着许多优雅、值得花时间思考的重要谜题。我想通过本书呈现这些我有幸解出并因此受益的谜题。在第 1 章，我将以我工具箱中最重要的工具"组织"为起点展开介绍。组织设计将正确的人安排在正确的位置上，授予他们决策权，并要求他们对结果负责。

保持初心，慎重改变，除此之外没有什么能帮你。在第 2 章，我们将回顾一些基本的管理工具，它们可以在众多情况下发挥作用。这些工具既包括系统思维又包括愿景文件，既涉及指标又涉及迁移，还涉及重组和职业生涯叙事等内容。也许阅读第 2 章最简单的方法是快速浏览要点，然后等用到它们时再回过头来读一遍。

第 3 章分析了在哪些情况下你需要对管理方法进行调整。这一章深入探讨了如何调整你的管理方法，从而适应公司的快速发展，以及当你期望的影响力并非你目前的职级所能达到时该如何进行管理。希望这一章能帮助你找到其他途径，靠近那些你感觉自己并未成功驾驭的领域。

第 4 章是对"企业文化"的探讨，重点介绍培养一个包容性的团队或组织所应采取的实际行动。这一章还围绕"做某事的自由"和"不做某事的自由"之间的冲突深入探讨了一些企业文化主题，另外还谈及了英雄文化。

第 5 章是对"职业生涯"的探索，重点关注面试、招聘和绩效管理。许多管理者想当然地认为招聘由招聘专员负责，绩效管理由人力资源部设计，但这些其实都是管理者常用的强大工具。

你读完了整本书，并不会在第二天走进办公室时摇身一变成为一名游刃有余的管理者（我仍对那段走进办公室感觉自己勉强胜任管理者角色的日子心存感激），但我希望本书能对你有所启发，为你提供一些新的方法进行尝试，帮助你在工程管理的道路上走得更远。

03　管理方法的一致性
有约束，才有自由

组织发展之道

打造高绩效团队，获得持续的生产力

01

AN

ELEGANT

PUZZLE

管理更多的是依靠积小胜为大胜，
而不是寻求捷径。

组织由为实现共同目标而努力的一群人组成。每个组织都在探索未知的可能，组织的人数从数十到数千不等。我起初本想轻率地说组织这种形式有时是有用的，但实际上，所有组织都行之有效，这一点着实令人惊叹。

有些组织相较于其他组织确实更加优秀，而组织设计的目的就是探究为什么有的组织可以迸发能量，有的组织却被摩擦、沮丧和钩心斗角所累。**我相信优秀的组织之所以能成长起来，是因为它们始终遵循简单明了的流程。**

如果希望不用投入太多成本就能迅速解决某个问题，我会考虑使用流程设计。如果希望彻底解决一个问题，而且也有时间去慢慢解决，那此时正是构建组织文化的好机会。**但是如果流程设计力度不足，而构建组织文化又太花费时间，那就轮到介于两者之间的组织设计出场了。**

本章将介绍在我看来可以有效实现组织设计和改进的方法。如果你读过之后感觉这些方法都很容易实现，那我完全赞同！真正的难点在于，当你在工作中遇到挑战时不要失去勇气。

4 个原则确定团队规模

当我从为团队提供支持变成为组织提供支持时，我遇到了一类此前从未思考过的问题。我们应该组建多少个团队？我们应该为一项任务组建一个新的团队，还是让现有的团队来承担这项任务？这两类团队的区别是什么？

这些问题是通向组织设计这门晦涩艺术的大门。随着接触了越来越多这类问题，我渐渐认识到，组织设计所面临的根本挑战就是确定团队的规模。组织在重组过程中可能会调整团队规模，以便接纳新加入的成员，或是为新项目提供支持。这将是一个不寻常的时期，你不用考虑团队设计的某些方面。

虽然我怀疑是否有统一的方法可用于确定团队规模，但我已经将我的需求放在一个行之有效的框架上进行迭代，该框架足以应对我遇到的大多数情况，又能够产生一套标准的规则。这个框架和这套规则都很简洁有力，希望能对你们有所帮助。图 1-1 展示了如何使用确定规模原则来确定团队规模以及对团队成员进行分组。

我用来确定团队规模的原则有 4 个。

原则一：经理应该为 6~8 名工程师提供支持

遵循这个原则，经理们才会有足够的时间来进行积极的指导、协调工作，并通过编写战略、领导变革等来推进团队的任务。如果工程师的数量过多或过少，会发生什么？

技术主管经理。为 4 名以下工程师提供支持的经理，往往充当技术主管经理（tech lead manager）这一角色，同时承担部分设计和实施工作。对一些人来说，这个角色可以极好地发挥自身优势，但升职机会有限。

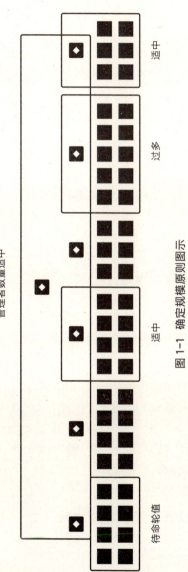

图 1-1　确定规模原则图示

如果想朝着经理的方向发展，技术主管经理会发现自己需要花更多时间专门提升管理技能。如果他们希望朝着主管工程师（staff engineer）的方向发展，又会发现自己没有足够的时间钻研技术。

教练。为八九名工程师提供支持的经理在面对问题时，通常充当的是教练（coach）以及安全保障员的角色。教练们太忙了，没办法将太多精力花在管理团队成员和确定团队的职责上。在组织向更稳定的结构过渡期间，要求经理为更大规模的团队提供支持是合理的，但这并非理想状态。

原则二：高级经理应该为 4～6 名经理提供支持

高级经理只需要为 4～6 名经理提供支持，因此有足够的时间为这些经理提供指导，与利益相关者保持共识，并将一定的时间花在组织建设上。此外，这也会让高级经理忙碌起来，不会总想着给自己的团队找事做。同样，如果经理数量过多或过少，会怎么样？

加大投入。为少于 4 名经理提供支持的高级经理应该花一段时间，要么研究问题域（problem domain），要么学习如何从为工程师提供支持转向为经理提供支持。如果不做出这种转变，久而久之，这些高级经理可能会觉得自己的才能未能充分发挥，或者忍不住对团队的日常工作指手画脚。

教练。与支持一个庞大的工程师团队类似，支持一个庞大的管理团队会让你成为一个能解决问题的教练。

原则三：待命轮值需要 8 名工程师的支持

我发现两班制待命轮值需要 8 名工程师的支持才能满足生产中随叫随到的需求。随着拥有轮值呼叫机的团队逐渐成为主流，这已成为确定组织规模时一个重要的限定因素。我试图确保每个工程团队的规模都稳定在 8 个人。团队的构成包括两个工作组、一个待命轮值组以及不同等级的工程师（见图1-2）。

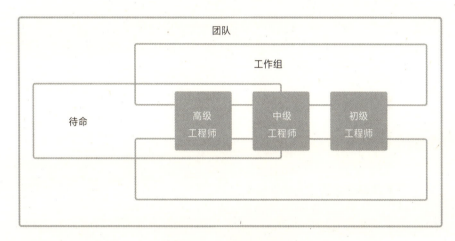

图1-2　一个团队的构成

共同轮值。有时我们需要将多个团队集中在一起才能确保有8名工程师待命轮值。这是团队建立待命轮值体系的一个有效的中间步骤，但这绝不是一个好的长期解决方案。大多数员工会发现，为自己不熟悉的业务轮值，或多或少会感受到压力。

原则四：少于4名成员的小团队算不上团队

我曾组建过不少只有一两名成员的团队，但我很快就后悔这样做，而且越想越后悔。团队的一个重要特性是，它们能够将成员的复杂性简化，使团队的运作有序高效。但少于4名成员的团队并不需要规避这种复杂性，运作起来和个人单打独斗没什么差别。要推断一个小团队交付任务的能力，必须对每一次待命轮值、每一个假期和每一次任务中断的情况都了如指掌。

小团队很脆弱，一位成员离开，团队的创新就很容易中断，只能转而为维护技术债务（technical debt）[1]疲于奔命。

将创新与维护相结合。一种常见的做法是，在现有团队忙于维护技术债务时，组建一个新的团队进行创新。我以前也这样做过，但我现在选择在现有团队内部进行创新。在做这样的决策时需要非常慎重，也需要一些勇气。

作为回报，团队的士气会更加高涨，团队的学习氛围也会更浓厚。而且，这样做可以避免创新者和维护者变成上下级关系。

结合下面这些指导原则，我创立的规则非常简单有效：

- 在稳定状态下，团队成员应该保持在 6～8 人。

- 要组建一个新的团队，请将现有的团队人数增至 8～10 人，然后将这个团队分成两个 4～5 人的小团队。

- 切勿组建空壳团队。

- 不要让经理为 8 名以上工程师提供支持。

同其他所有指导原则一样，上面几条指导原则可以帮助你思考确定团队规模时遇到的问题。但凡事都有例外，我们不应该被它们束缚住手脚。任何情况的来龙去脉都值得我们仔细研究，但我越来越发现，从长期来看，例外情况的成本远远超出了我认为它们具备的优势。

---

[1] "技术债务"指团队为了达成短期的项目目标而做出的欠佳的技术决策。这些决策从长期来看会给团队造成损失。——编者注

把握团队的 4 种状态

我的一位朋友在 6 个月时间内为一个 60 人的工程小组提供支持。不出所料，其中大多数团队都认为他们迫切需要招聘新人。我朋友应该同时为所有有需求的团队招聘新人，还是先满足其中一两个团队的需求之后再满足其他团队的需求？这就是问题所在。

这是一个很好的问题，它是组织领导者所面临的深层次挑战。进行初步调查，向每个人请教，也了解每个人的情况，这个过程很有趣。

通常，我们不会选择重组团队，这样做很痛苦，但这份痛苦去得很快。难的是当你已经着手行动，需要为你的计划找到实现的空间时，还能够保持信心。到了该扩大组织规模时，坚持到底显得尤为困难，因为有些团队需要的东西总是比你选择提供的要多。

当谈及扩大组织规模时，话题通常会落脚到招聘新人上。**虽然我相信招聘新人是扩大组织规模的非常重要的手段，但我认为我们使用这种手段未免太过频繁了。**为了优先考虑在最有利的情况下招聘新人，我创建了一个松散的框架，用于判断一个团队要想提高绩效需要做些什么。

团队的 4 种状态

团队的 4 种连续状态可用图 1-3 中的框架描述。该框架中的 4 个词代表团队的 4 种状态，描述了团队在不同情形下的表现。

图 1-3　团队的 4 种状态

　　当一个团队处于落后状态时，它每周的积压工作都比前一周要多。通常情况下，团队成员非常努力地工作，却没有什么进展，士气低落，而且你的用户也直接表达了不满。

　　当一个团队处于停滞状态时，它能够完成关键性的工作，但尚不能着手偿还技术债务或开发重要的新项目。团队的士气稍有提高，但团队成员都很辛苦。你的用户看起来心情稍好了些，因为他们早就看透了，即使提出要求也不会得到满足。

　　当一个团队处于偿债状态时，它能够开始偿还技术债务了，并且开始从债务偿还的滚雪球效应中获益。每还清一笔技术债务，他们就有了更多时间去偿还更多债务。

　　当一个团队处于创新状态时，它的技术债务持续走低，士气高涨，并且它的主要工作就是满足新用户的需求。

　　每个团队都希望从落后状态爬升至创新状态，但混乱无序会拖它们的后腿。每种状态都需要不同的应对策略。

选择合适的系统解决方案和战术支持

　　在这个框架中，团队完全通过采用与其当前状态相匹配的系统解决方案来实现向新状态的过渡。作为一名管理者，你的任务是为特定的过渡期确定正确的系统解决方案，启动该解决方案，然后全力支持团队为解决方案创造发挥空间。

如果你在启动正确的系统解决方案之前跳过了对团队的战术支持，那么即使你竭尽全力也不可能达成预期目标。针对图 1-4 中的每一种状态，我给出以下我认为最有效的战略解决方案，以及如何在该解决方案起效时向团队提供支持的一些想法。

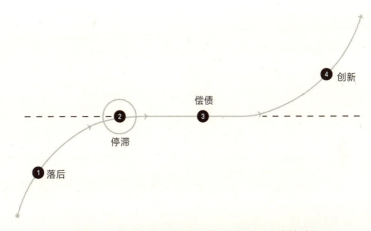

图 1-4　团队从落后状态到创新状态的 4 个连续阶段

- 当团队处于落后状态时，系统解决方案是招聘更多新人，直到团队进入停滞状态。通过与用户协商设定期望值、全力支持团队斩获小小的胜利、注入乐观情绪来提供战术支持。

需要注意的是，系统解决方案是招聘新人，以此提高公司的整体能力。有时，人们会尝试让公司现有人员来改变团队的现状，我不认同这种做法。**人是不可替代的，一般来说，各岗位的人都各司其职，所以我对安排现有人员来推动团队优化持怀疑态度。**从本质上讲，这种讨论难免会导致人事纠纷，即使大家彼此之间都怀有很深的信任和尊重，争夺权利也在所难免。

- 当团队处于停滞状态时，系统解决方案是整合团队的力量来完成更多事情，在团队能够开始偿还债务之前，避免让其同时承担多项工作。例如，我们可以采取措施限制推进中的工作数量。从策略上说，这种解决方案的重点是帮助团队成员从单人发力转变为团队合力，从而提高生产力。

- 当团队正处于偿债状态时，系统解决方案是增加时间。一切都已经在运作中了，你只需要找到能让偿还技术债务的复合价值得到增长的空间即可。从策略上说，尽量在偿还技术债务的同时，想办法为用户提供支持，避免让用户认为你的团队一头扎进技术债务中消失不见了。特别是对一个刚开始时处于落后状态，现在正在偿还技术债务的团队来说，你的利益相关者可能已经迫不及待地等着团队着手交付新产品了，而你有义务防止这种焦躁情绪导致团队重蹈覆辙，再次为达成短期目标而牺牲代码的质量。

- 当团队处于创新状态时，情况有一点不同，因为你们虽然已经到达连续状态的最后阶段了，但仍然需要系统解决方案。在这种情况下，你需要在团队的日程安排中留出足够的裕度（slack），以便团队能够在工作过程中提高质量，保持创新的势头，避免走回头路。从策略上看，确保你的团队所做的工作是有价值的：一个创立科学项目的团队将快速走上脱离创新状态的道路，这不可避免地导致团队资金流失。

我要再次强调，这些解决方案的起效过程缓慢。因为经年累月，系统已经一成不变，你必须把这些沉疴都去除。与此同时，使这些解决方案起效缓慢的那些属性一旦生效，其作用将非常持久。

　　对计划保持信心是最难的，包括你自己和组织两个层面。在某些时候，你可能想通过组织重构来摆脱责任，或者抽身去接手一份新工作，但如果你这样做了，你就会错失能令自己受益的环节。因此，你最好坚持下去。

巩固你的成果：组织永远不会停止发展，但团队会

　　作为组织的领导者，你将与许多团队打交道，每个团队都处在上述连续状态的不同阶段。你能利用的资源有限，而且通常不足以同时让每个团队的状态都发生改变。**许多人试图同时调动所有团队，平分有限的资源，但你不要做出这种看似公正实则无力的决策，不要认为如果某个团队没得到任何东西，你的做法就是不公平的。**图 1-5 展示了集中投资（将资源集中投入一个团队）和分散投资（将资源平分给所有团队）的回报情况。

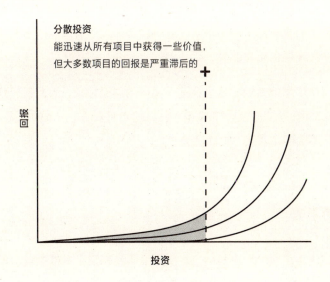

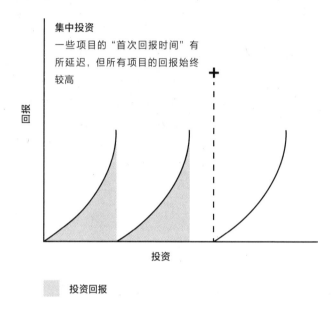

图 1-5　集中投资和分散投资的回报

　　针对每个限制因素，每次都优先考虑一个团队。如果大多数团队都处于落后状态，那么就只为一个团队招聘新人，直到它的人员数量足够使它们迈入停滞状态，然后再转到下一个团队。这不仅是处理所有限制因素的正确做法，对聘用新人来说也尤为重要。

　　在一个团队中增加新的成员会扰乱该团队的凝聚过程，因此我发现，对任何一个团队来说，经历快速增长期很容易，随之而来的是团队的巩固 / 凝聚期。组织永远不会停止发展，但团队会。

将卓越保持下去

　　这种培育优秀组织的方法与快速解决方案刚好相反。虽然缓慢，但我发现它能让组织的幸福感更持久，让组织的产出更稳定。最重要的是，这些改进能够持续足够长的时间，从而令组织获得持久的卓越特质。

人员重组可能会大大降低生产力

在我写了《坚持走高绩效团队之路》(*Staying on the Path to High-Performance Teams*)之后，很多人都提出了相同的问题："一个团队一旦还清了技术债务，难道不应该将当前过剩的团队成员转移到其他团队吗？"

这样想没错，因为团队的技术债务已经所剩无几，就团队全局工作的重点而言，现在的人手已经过剩。这种情况在许多团队中都多次出现过，可能会导致一个组织中有太多工程师被指派去处理去年的问题，却没有多少工程师负责处理当下的问题。

这是一个亟待解决的难题。首先，我要解释一下为什么我不赞同依靠人员重组来应对全局工作重点的变化，然后我会提出几个能解决这一难题的替代方法。

团队至上，高绩效的团队是神圣的

从根本上说，**我认为持续的生产力来自高绩效团队的产出，将其拆开会导致生产力方面的重大损失**。即便团队成员被完全保留下来，但离开原有团队，他们的产出也会下降。在这样的世界观中，高绩效的团队是神圣的，我非常不愿意将它们拆开。

团队需要很长时间才能凝聚为一个整体。一群人在一起工作了数年，他们彼此互相了解，知道如何以一种真正非凡的方式为彼此的成功铺路。如果团队人员发生变动，那么团队就需要花时间重新产生凝聚力。对处于凝聚早期阶段，以及文化存在显著差异的团队来说，它们需要花费的时间尤其长。这并不代表团队需要一成不变，那样又会导致团队的状态停滞，但也许为了使团队保持凝聚力，我们在改变团队方面需要有所节制。

有时候你希望一支已经凝聚为一体的团队发展得再快些，这没有问题。但是，你必须考虑历经变革后，团队重新产生凝聚力的相应成本，而并非永远不做出改变。这就是为什么我提出的模型建议为被技术债务压垮的团队而不是为进入创新状态的团队迅速招聘新人，因为这样可以避免高绩效团队为重新产生凝聚力而付出相应的成本。

较高的固定成本和相对较低的可变成本

我不愿意将员工从高绩效团队中调离，让他们加入新团队，原因还有一个，那就是大多数团队都有较高的固定成本和相对较低的可变成本：**调走一名团队成员会让一个处于创新阶段的团队重新回到落后状态，这样一来，两个团队都不会有良好的表现**。对负责产品和服务的团队来说，情况尤为严重。

我的经验是，一个团队需要至少 8 名工程师才能支撑起全天候的两班制轮值，所以我通常不愿意让成员数量低于这一标准的团队发生变动。然而，固定成本包含许多其他类别：维持基本运转的开销、提前交付的合同、来自其他团队的支持等。考虑到轮值需求和成本控制，8 人是最合适的团队规模。图 1-6 展示了管理一个团队的固定成本。

有一些团队的固定成本非常低，例如一个没有任何用户的创业团队，或者一个对已经完全关闭的产品提供支持的团队。我认为适用于这些团队的规则是不同的。而且，在成功的公司中，这样的团队并不常见。

管理一个团队的固定成本高得惊人。尽可能通过合并使团队人数最多不超过8人

为什么是最多8人呢？如若不然，许多社交结构就会崩溃，共享的内容就会减少

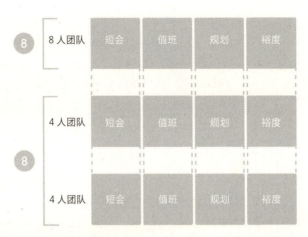

图 1-6　管理一个团队的固定成本

裕度：当一个团队的利用率接近百分之百时，完成一项新任务将遥遥无期

调动员工来优化全局效率的前提是，我比以往任何时候都更加深刻地理解了生产力是如何产生的。我坚信不应该向一个明显存在裕度的团队投放更多资源，但我也不认同向一个裕度严重不足的团队投放更多资源的做法。

当一个团队的利用率接近百分之百时，完成一项新任务将遥遥无期，并且大多数团队对其他团队有诸多依赖。总之，这些事实意味着，你将资源转移给某个团队，通常令它的速度变慢，因为这个过程产生了新的上游约束。

我发现，团队为了进一步保持裕度，会通过渐进和创新的方式改善其职责范围内的工作安排，充分利用闲置的生产力。这样做额外的好处是，它们往往通过最小的协调成本就可以完成这些改进，不会让局部的生产力给周围的系统带来阻力。

最重要的是，"有裕度"的团队可以充当组织的调试工具：在调试组织的

总体吞吐量时，你不必将这样的团队考虑在内。我发现，一次处理数个限制因素要容易得多，在解决问题时要向前看，不需要回头考虑以前受到的制约。

艾利·高德拉特（Eliyahu M. Goldratt）的《目标》（*The Goal*）和德内拉·梅多斯（Donella H. Meadows）的《系统之美》（*Thinking in Systems: A Primer*）[①] 都是关于这个主题的重要图书。

改变工作范围比调动人员更有效

具体应该怎样做呢？我发现在保留团队本身的同时，调整多个团队的工作范围是一种行之有效的做法。如果一个团队有明显的裕度，那么就逐步将责任转移到它们身上，这时它们就会开始从局部对自己扩大的工作量进行优化。转移过程最好慢慢进行，以保持该团队的裕度。但如果要在快速调动人员和快速改变工作范围之间做选择的话，我认为后者更有效，破坏性更小。

改变工作范围比人员调动更有效，因为这样做不仅节省了重组团队重新形成凝聚力的成本，而且保留了系统行为。保留系统行为可以使你现有的心智模式保持不变，如果这种方法没有奏效，你可以随时撤销工作范围的变化，将其恢复到从前的状态。这种做法不会像人员调动那样造成混乱。

在一段固定的时间内，让员工轮换到需要帮助的业务板块，这也是一种行之有效的方法。固定时限这种设计可以令团队成员保留原有团队的身份和归属感，从而心无旁骛地在新团队中提供帮助，而不会因想在新团队中站稳脚跟而分散精力。这也是衡量团队有多少裕度的安全方法。

[①] 《系统之美》是一部写给决策者的有关系统思考的经典之作，是系统思考泰斗德内拉·梅多斯 10 年研究成果的首部面世之作。该书中文简体字版已由湛庐引进、浙江教育出版社于 2023 年出版。——编者注

我的一位同事建议说："一些公司已经成功地向蜂群模式（swarming model）发展，不仅仅是在团队层面，而且是在组织层面。我希望我能听到那些成功走向另一个方向的人的声音！组织设计最令人兴奋的一个方面就是，有许多不同的方法都能很好地发挥作用。"

超速发展时代的生产力

你不会像几年前那样经常听到"超速发展"（hypergrowth）这个词了。当然，你可能会在一周内频繁听到这个词，但也可能打开 Techmeme①也看不见它的踪影，这是向更友好、更温和的过去的重要回归。（又或者我们现在正朝着独角兽公司发展。）

然而，对各地的工程经理来说，在快速增长的公司内进行管理所面临的挑战仍然很大。

我在优步工作时，优步有近 1 000 名员工，每 6 个月，员工数量会翻一番。一位老前辈根据自己的经历说："我们员工的数量增长速度如此之快，每 6 个月我们就变成了一家新公司。"一位旁观者马上补充道："这也意味着我们的流程总是比我们的人员统计滞后 6 个月。"

图 1-7 展示了 4 家快速增长的公司的员工增长率。

我职业生涯中最有价值的一次机遇，就是当既有流程已经失效，无法应对新工程师的不断加入和新的系统负荷时，我帮助团队成功完成了任务。以下我将试着对这些挑战进行探索，并提出一些我用来降低和克服挑战的战略。

---

① 美国知名科技新闻和博客聚合网站。——编者注

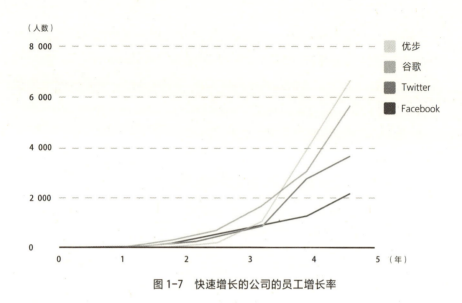

图 1-7　快速增长的公司的员工增长率

更多工程师，更多问题

所有现实世界的系统都具有一定程度的自我修复特性：一个超负荷的数据库会慢到令人难以忍受，最终有人来修复它；一群不堪重负的员工也会在完成工作时放慢速度，直到有人找到改进方法。

但现实世界的系统往往不具备高效且有计划的自我修复特性，而这正是当你年复一年地令工程师和客户数量翻倍时，事情变得令人兴奋的地方。

有效地整合大量的工程师很困难。挑战的大小取决于你能以多快的速度将工程师提升至生产力自给自足的水平，但如果每 6 个月总人数就翻一番，而且需要 6～12 个月的时间来提高他们的水平，那么你很快就会面临这样一种情况：未经培训的工程师数量越来越多，而每个经过培训的工程师都要花大量时间培训数名新工程师。想象这样的场景：每名已受训工程师每周需花费大约 10 小时用于培训一名新工程师，而未受训工程师的生产力只有已受训工程师的 1/3。结果，未受训工程师人数与已受训工程师人数之比如图 1-8 所示（诚然，这里展示的是最坏的情况）。更糟糕的是，在每 3 名工程师中，你只能获得 1.16 名已受训工程师的生产力（未受训工程师的生产力是 2×0.33，培训师的生产力是 0.5×1）。

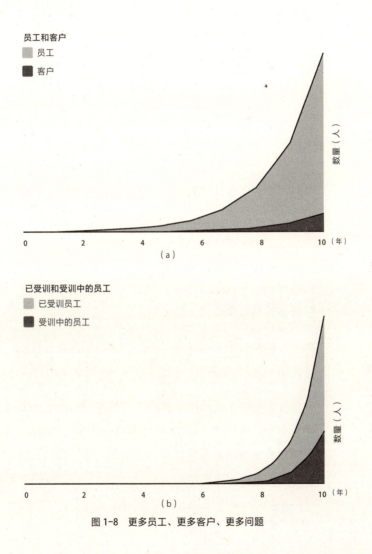

图 1-8　更多员工、更多客户、更多问题

你还需要把招聘新人所花费的时间考虑在内。

如果你希望人员数量每 6 个月翻一番，且 10% 左右接受电话面试的候选人最终会正式加入你的公司，那么在这段时间内，你就需要安排现有的每名工程师参与 10 次面试，每次面试大约需要 2 小时来准备、执行和复盘。

如果你能够充分利用现有的团队，那么每名工程师每个月在招聘方面花的时间不会超过 4 小时，但培训问题又出现了：如果你花了 6 个月让普通工程师参与面试环节，那么每名已受训工程师现在每周都要做 3～4 个小时的招聘相关工作，他们的效率大约下降到原先的 0.4。在整个团队中，每 3 名工程师只能完成 1.06 名工程师的工作量。

然而，你面临的不仅是培训和招聘问题，还有如下问题：

- 每增加一个量级的工程师，你就需要设计并维护一个新管理层。

- 每增加 10 名工程师，你就需要一个额外的团队，这涉及更多的协调工作。

- 每多一名工程师意味着每天有更多代码提交和部署，这会给你的开发工具带来负荷。

- 大多数宕机都是由部署引起的，因此部署操作越多，宕机问题就越多。因此，你需要进行事件管理、缓解工作和事后分析。

- 拥有更多的工程师意味着需要更多专门的团队和系统，这就要求全天候待命轮值的单班人员规模越来越小，这样待命的工程师就能掌握足够的系统背景来调试和解决生产问题。因此，投入轮班的时间就会相对增加。

我们把以下因素考虑进去再做一次粗略的数学计算。

只有已受训工程师才能参与轮值。他们每个月有一周需要轮值，轮值时有一半左右的时间都很忙。因此，对已受训工程师来说，每周要花 5 小时处理轮值时的工作，他们的生产力现在下降到 0.275。你的团队每聘用 3 名工程师得到的产出还不及一名已受训工程师的产出。

诚然，这种比较方法并不合理，因为它没有考虑轮值给规模较小的初始团队带来的负荷。但如果你接受这样一个前提，即轮值负荷随着工程师人数的增加而增加，也随着轮值次数的增加而增加，那么这个结论基本上是成立的。

虽然这种极端情况并不多见，但人们通常会得出"招聘会减慢我们的速度"这一结论，原因就在于：保持较高的招聘频率时，招聘带来的附加值的边际效应起效会变得非常缓慢，尤其在培训环节作用不大时，情况更是如此。

有时"非常缓慢"意味着负面影响。

避免做出武断的决策，设计具有灵活性的系统

我们已经讨论了生产力与工程师数量之间的关系，所以现在考虑一下系统的负荷是如何增加的。负荷增加带来的总体影响可以归结为以下几个重要趋势：

- 大多数系统实现体系被设计成可支持在当前负荷的基础上增加 1～2 个量级的负荷。即使是设计之初可应对更多增长的系统，也会在 1～2 个量级内达到上限。

- 如果你的流量每 6 个月翻一番，那么你的负荷每 18 个月就会增加一个量级（有时，新的功能或产品会使负荷增加得更快）。

- 随着系统，比如 Apache Kafka、邮件传递系统、Redis 等达到扩展稳定期，对团队来说，系统也从微不足道的、事后才会想起的事物变为关注的焦点。并且，随着团队数量的增加，受支持系统的基数也会随着时间的推移而增加。

如果你的公司设计的系统能应对一个量级的增长，且公司规模每 6 个月翻一番，那么你将不得不每三年两次重新设计每个系统。这就造成了很大的风险——几乎每个平台团队都在进行一个关键的扩展项目，而且完成这些并发的重写工作也会产生大量的资源争夺问题。

然而，**真正的生产力杀手不是系统重写，而是重写之后的迁移工作**。设计不佳的迁移会让这种重写循环的影响从支持系统的单个团队扩大到整个组织。

如果每次迁移需要花费一周时间，每个团队有 8 名工程师，而你每年要进行 4 次迁移，那么你将损失大约 1% 的公司总生产力。如果每次迁移需要花费近一个月的时间，或者只有一小批已受训工程师才有可能参与迁移工作，那么其影响就会更加明显。

这里还有很多内容可以讨论——快速成熟的公司在忙于完成各种关键项目以及转移到多个数据中心、双控设计或国际新地区时，工期往往很紧张，但关于增加的系统负荷是如何拖累整体工程吞吐量的，我们已经讨论过最基本的方面了。

真正的问题是：我们该怎么应对这种情况？

管理熵的方法

我最喜欢吉恩·金（Gene Kim）、凯文·贝尔（Kevin Behr）和乔治·斯帕福德（George Spafford）在《凤凰项目》（*The Phoenix Project*）一书中提出的观点：你只有在项目完成时才会获得价值，因此，为了取得进展，你必须确保一些项目能够完成。

这看似很容易解决，但当你的大部分时间被其他需求消耗时，完成项目就相当困难了。

我们先要解决招聘新人的问题，因为招聘和培训往往会占据一个团队最大块的时间。公司招聘新人及入职受训流程如图1-9所示。

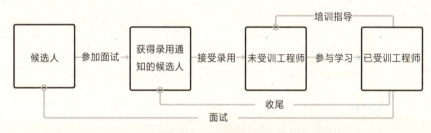

图1-9　公司招聘新人及入职受训流程

当你的公司决定要发展壮大时，你不能阻止它的发展，但你绝对可以让它集中发展，使你的团队在快速招聘期与巩固和磨合期之间交替开展工作。大多数团队在达到大约8名工程师这一规模时表现最佳，当每个团队的人数达到8人时，你可以为其他未达到这一规模的团队招聘新人。随着招聘新人后团队凝聚力的提升，整个团队最终都将获得培训，并能够推动项目向前发展。

对于工程师的面试工作，你也可以这么做。你可以定期轮流将工程师调离面试工作，让他们有时间休整。在面试工作量很大的情况下，你有时会发现，去年行事可靠的面试官今年要么对前来面试的候选人多加刁难，要么冷漠拒绝候选人的面试要求。如果你的工程师每周要参与三次以上的面试，那么每隔三四个月让他们休整一个月，可谓仁慈之举。

关于如何解决培训问题，我的方法不是太多。一般来说，你会发现较大规模的公司会在新员工训练营和定期开展的教育课程方面投入巨大。

我们并非不明就里地照搬他人的做法，所以我乐观地认为，我在新员工训练营和定期教育课程方面的培训可能是有效的。但是，我还是希望有机会能花更多时间了解一下这些项目的有效性。如果你能把培训时间缩短至 4 周以内，想象一下，在不压垮现有团队的情况下你招聘新人的速度将有多快！

我发现，突出其来的干扰也是窃走时间的"小偷"，比如 HipChat 或 Slack 上突然收到的信息、你肩头上传来的同事的轻拍、值班系统忽然响起的警报、邮箱里大量的电子邮件等。对此，应对策略是将这些干扰信息限制在一个逐渐缩小的范围内，然后尽可能地使该领域自动化，比如要求人们将票据归档、生成自动归档票据的聊天程序、创建服务手册等。

有了这样的设置，还要为那些能够回答问题的人建立一种轮值制度，并训练你的团队不要对其他形式的干扰做出回应。这样做显然会让人不快，因为我们都想对别人有所帮助，但随着干扰次数的增加，你会发现这样做很有必要。

我发现一个特别有用的工具，那就是所有权登记表，你可以通过它查找到"谁拥有什么"，从而消除频繁出现的"谁有某物"这类问题。你需要这种东西来自动呼叫能解决问题的待命轮值人员，所以使用所有权登记表可谓一举两得。

临时会议请求也会对团队产生干扰。依我之见，最好的应对方法是每周拿出几个大块的时间，集中精力处理项目相关问题。可以拿出周四一整天的远程办公时间，也可以拿出周一和周三下午，或每天拿出早上 8 点至 11 点这段时间集中处理这些工作。先尝试一下，然后找到适合你的方法。

最终，我在干扰事项较少的公司发现了一件事，那就是这些公司都有出色且可持续使用的文档记录。在一个不对文件进行归档的公司中引导员工进行文件归档，可能比在一个不做测试的公司中引导员工做测试更难，但依我之见，避免频繁干扰的最好办法就是建立一种文件归档、文档阅读以及真正有效的文档搜索文化。

很多公司的内部文件记录做得很好，但我不确定拥有超过 20 名工程师的公司在这方面也能如此。

在我看来，最重要的机会可能是设计具有灵活性的软件，我将其描述为"应急开放和层级策略"。最好的系统重写是没有发生的系统重写，如果你能避免做出武断的决策，从而避免随着时间的推移而频繁改变决策，那么你就更有可能长期使用一个系统。

如果由于系统规模的扩大，你每隔几年就要重写一次，那就尽量避免不必要的重写。 按此方法，保证接口随时可用，那么你就可以在系统重新运行时跳过迁移阶段——这往往是耗时最长也是最棘手的阶段，你还可以更快地迭代并维护更少的并发版本。维护这个额外的中间层必然是有成本的，但是如果你已经重写了系统两次，那么你有必要在第三次重写时花点时间对接口进行抽象。当你进行第四次重写时，系统迁移涉及的工程师数量将是原来的 6 倍。

把关模式是一个相关的反模式。让人类执行把关活动会导致非常奇怪的社交动态，很少能节省时间。如果可能的话，构建隔离性足够高的系统，可以使大多数操作得以继续进行。当这些系统偶尔失败时，要确保它们的失败造成影响的范围有限。

在某些情况下，由于法律的原因或出于合规的要求，又或者因为系统非常脆弱，把关是必要的。但我认为，我们通常应该将把关视为一个重要的实施缺陷，而非一个值得借鉴的稳定特性。

学会说"不"

以上列举的办法没有一个能产生立竿见影的效果。我认为，对快速增长的公司进行管理，更多的是依靠积小胜为大胜，而不是寻求捷径。所有这些技巧我都曾经使用过，而且今天从某种程度上说我也正在使用其中的大多数技巧，所以希望它们或多或少能给你一些启发。这里有一个被忽视的问题是，当你已经被现有的工作和维护工作压得喘不过气来时，如何处理紧急项目请求。在这种情况下，**最宝贵的技能是学会以适合你公司文化的方式说"不"**。这个话题可是大有学问的。可能有些公司文化不允许说"不"，在那种地方，你要么学会把"不"说成"是"，要么就去寻找一个更容易融入的环境。

你该如何在超速增长的时代保持生产力？

降低组织风险的关键问题

最近，我越来越频繁地听到人们提到"组织债务"（organizational debt）的概念。**组织债务与技术债务是组织中的"兄弟"，体现为充满偏见的面试过程和不公平的薪酬机制等。这些系统问题正阻碍你的组织发挥潜力**。与技术债务一样，这些风险之所以无法避免，是因为它们从来都不是最紧迫的问题。直到它们给你致命一击，你才意识到问题的严重性。

在组织债务中，有一个不稳定的部分最有可能突然"爆炸"，我将这个部分称作组织风险。最具有代表性的组织风险可能是"有毒"的团队文化、劳神费力的"防火演习"或团队有一个力不从心的领导者。

你会从同事口中，从一对一的越级谈话中，以及从组织健康调查中发现这些问题。如果你重视它们并且认真倾听了这些声音，就不太可能忽视这些问题。但是，解决这些问题的过程十分缓慢。而且，它们还在不断积累。你所在的组织规模越大、成立的时间越长，压在你肩膀上的担子就越重。

在我看来，想方设法应对这一点，是领导大型组织所要面临的核心挑战。当你有责任对他人施以援手，而他们的问题在你的问题清单中排名比较靠后时，你如何继续热情地帮助他们应对面临的挑战呢？在那一刻，你是会通过改变角色或袖手旁观来推卸责任，还是冷漠地对待这些问题，抑或将自己逼迫到内心崩溃的境地？

这些我都试过，但结果都不太理想。

我发现最成功的做法是找出一些需要改进的方面，并确保自己在这些方面的确做出了改进，至于其他方面，即便改进效果不佳，也不要自责。和你的上级领导一起把改进过程写成一个明确的计划，并商定合理的推进方案。

这些问题仍然与你要面临的其他众多风险和要承担的责任息息相关，但你们已经就期望达成了一致。

现在，你面对的这些组织风险是你非常有信心解决的，那么之后你还需要了解其他风险，也就是那些你认为不能迅速解决，但可能会出差错的已知问题。面对这些问题，你会怎么做呢？

我会密切关注这些问题。

通常，我的组织哲学是，逐个团队、逐个组织地解决影响其稳定的问题。我会先确保一个团队的所有特定领域都处于健康发展的轨道上，然后再去解决其他团队的问题。我尽量不把风险推给运行良好的团队。我们确实需要将一些风险分摊下去，但一般来说，我认为最好只分摊那些可化解的风险。**如果某件事不太可能顺利推进，那么你最好自担风险。在管理风险方面你有可能是最佳人选，但在承担责任方面你必须是最佳人选。**

作为一名组织的领导者，你总会面临一组风险，也总会在一些重要的事情上表现不佳。这不仅没关系，而且是不可避免的。

两个步骤规划新角色的交接

承担一个角色两三年之后，你可能会发现自己的学习速度下降了。你对自己的团队非常了解，行业情况不再那么令人胆怯了，而且你已经深谙公司运营之道。这可能预示着你要开始寻找下一个角色了，这也是一个积累交接规划经验的好机会。

规划交接即思考组织在没有你的情况下将如何运作，记录缺口部分，并开始填补它们。很多管理者都没有这种意识，但这是建立一个持久的组织的基本技能（见图 1-10）。

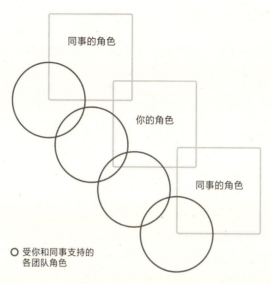

○ 受你和同事支持的
  各团队角色

图 1-10　规划交接

第一步：明确工作内容

规划交接的第一步是弄清楚你都做了什么工作。

这看似很容易，但我发现做起来很难。很明显，你要做的事情有很多，比如进行一对一谈话、举行会议、规划人员编制数，你可能正在填补上百个小缺口，却从来没意识到这一点。

我所采取的方法是从几个不同的角度来思考自己的工作：

● 看看自己的日程表，写下自己在会议中的角色。这既包括明确的角色，如会议议程的控制者，也包括更微妙的角色，如他人观点的第一声援者，或是能指出当前忧患的经验老到者。

● 重新查看日程表上那些会议之外的事情，比如对候选人进行面试以及处理招聘收尾工作。

- 回顾过去 6 个月的重复性过程，如路线图规划、性能纠偏或员工人数决策，并记录你在每个过程中的角色。

- 对于受你支持的多个个体，你在哪些方面的技能和行动与他们的技能和行动最相辅相成？你是如何帮助他们的？他们在哪些方面依赖你？这些方面可能是授权、组织指导建议，也可能是技术领域的经验。

- 审核入站聊天（inbound chat）[1] 和电子邮件中的请求和问题。

- 如果你有一个待办事项清单，看看过去 6 个月里你已经完成的工作类别，以及那些你一直想做但迟迟未做的事情。

- 思考一下在你目前的角色中对你非常重要的外部关系。什么样的同事一直很重要？哪些人是需要了解的战略伙伴？

在探索了上述这些途径之后，你会得到一个相当长的清单。在与你密切合作的几位同事身上检验一下这个清单，看看你是否遗漏了什么。

恭喜你，现在你知道你到底都做了什么工作了！

第二步：为每个事项找到能胜任的人选

拿出你的清单，试着为其中的每个事项找出能胜任的人选。然后，把这些事项逐一划掉。

---

[1]　入站聊天类似于网站的访问者发起的传入聊天。你可以将它想象成你走进了一家实体店，你对店里的某件产品感兴趣，所以你需要向店员寻求帮助，并希望能立即得到对方的回应。——编者注

为那些目前还无人能接手的事项确定几个有潜力接手的人选。你可以根据清单上事项的多少，将类似的事项分为一组，以减少此项任务的工作量。

如果你在一家口碑良好的公司工作，你可能会发现没有太多的缺口是别人无法填补的。然而，如果你所在的公司正在经历超速增长，你会发现每个人做的都是其职业生涯中最复杂的工作，你得找出那些不断扩大且较为严重的缺口。

这些缺口可以分为以下两个列表：

- 第一个列表应该涵盖最容易填补的缺口。也许需要一份书面文件或一个简短的介绍。你应该能在 4 小时内填补其中一个缺口。

- 第二个列表应该包括风险最大的缺口。你在这些领域对公司有独特的价值，因为其他人缺少相应的技能，因此填补这些领域的缺口非常重要。你必须意识到，填补这些缺口可能需要几个月的持续努力。

针对关闭所有容易填补的缺口以及一两个最具风险的缺口，制订一个计划，把它添加到你的个人目标中。恭喜你，你已经完成了一轮交接规划！

规划交接并非只能运用一次的手段，而是可以每年实践一次的练习，能够帮助你明确你可以授权的事情。这有助于打造一个持久的组织，也能节省时间。你可以将这些时间花在自己的职业发展上。你甚至可以通过两三周的假期来了解你做得有多好，也看看有什么漏网之鱼。

那些漏做的事项可能会出现在下一年的待办事项清单中靠前的位置。

系统思维、指标和愿景

领导组织变革的高效工具

02

AN

ELEGANT

PUZZLE

最好的变化往往是在不知不觉中发生
的，从一个稳定的时刻到另一个稳定
的时刻，每一步都让团队和组织感到
踏实。

如果你问一位管理者他的职业生涯中最引以为傲的时刻是什么，他可能会向你讲述他帮助他人成长的故事。如果你再问这位管理者他经历的最具有挑战性的事情是什么，他可能会谈到裁员、重组、改变公司方针，或是渡过经济低迷时期的经历。在管理方面，变化催生复杂性。

最好的变化往往是在不知不觉中发生的，从一个稳定的时刻到另一个稳定的时刻，每一步都让团队和组织感到踏实。 领导高效变革的关键工具是系统思维、指标和愿景。当变革的步骤过多时，团队就会变得不稳定，团队内部就会出现缺口。

这时，管理者要充当创造稳定的黏合剂，以产品经理、项目经理、招聘专员或销售人员的身份介入，把各个环节整合在一起，直到有专业人士接手。

本章将介绍一套管理变革的工具，既包括指导变革的抽象理念，也包括在过渡时期起黏合剂作用的更直观的手段。

系统思维，最普适的工具

我共事过的许多行事得力的领导者在处理杠杆问题方面都有诀窍。在一些问题领域，产品管理综合技能在识别有用问题上能发挥显著作用，但系统思维在我看来则是最普适的工具。

如果你真的想要扎实地掌握系统思考的基本原理，你应该读读德内拉·梅多斯的《系统之美》一书。我在这里将尽我所能描述其中的一些基本原理，并通过一个案例展开说明。在此案例中，系统思维工具将展示其强大的效果。

存量和流量，评估组织生产力的两大指标

系统思维的基本观察结果表明，事件之间的联系往往比它们看起来更微妙。我们总想按因果关系来描述事件，因为我们正努力交付当前的项目，所以管理者都特别忙。但没有事件是发生在真空中的。

巨大的变化看似是在瞬间发生的，但如果你仔细观察就会发现，巨大的变化通常是许多小变化缓慢积累的结果。管理者之所以忙碌，也许是因为要确保今年的项目如期交付，需要招聘和培训更多管理者，但他们的招聘和培训工作尚未开始。已受训管理者的数量被称为存量（stock），记录了随时间增长而发生的变化。

存量的变化被称为流量（flow），包括流入或流出。培训一名新的管理者是流入，而一名已受训管理者离开公司则是流出。本章中的图均用黑色实线来表示流量。图2-1用虚线表示信息关联（information link）。这种关系说明，存量的价值是影响流量大小的一个因素。

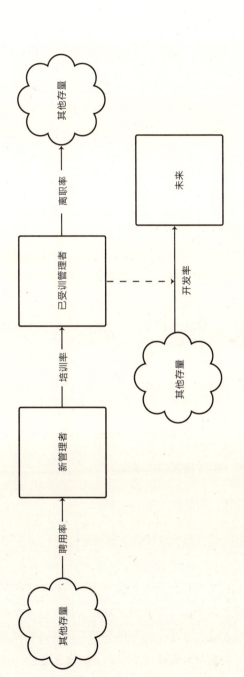

图 2-1   聘用和培训新管理者的系统图解

这里的关联表明，可用于开发功能的时间取决于已受训管理者的数量。

通常情况下，图范围之外的存量会用云朵表示，表明那里发生了一些复杂的事情，而我们目前还没有探索到具体发生了什么。最好的做法是给每一个流量都做上标记，并记住每一个流量代表着一个速率，而每一个存量就是一个数量。

衡量开发人员速度的 4 个关键指标

当我开始思考有什么例子能够说明系统思维的作用时，我马上想到了一个。自从阅读了吉恩·金、杰兹·亨布尔（Jez Humble）和妮科尔·福斯格林（Nicole Forsgren）所著的《加速》（*Accelerate*），我花了很多时间思考作者对速度的定义。

他们指出开发人员速度应关注如下 4 个指标：

- 交付时间，指从创建代码到投入生产的时间。

- 部署频率，指部署代码的频率。

- 变更失败率，指变更失败的频率。

- 恢复服务时间，指消除代码缺陷所需时间。

本书使用了来自数万个组织的调查结果来评估每个组织的总生产力，并展示了总生产力与组织在上面 4 个指标之间的关联。这 4 个指标可以直观地衡量生产力。下面我们通过 5 个方面判断是否可以通过建模将它们整合到一个系统中，以便用于判断开发人员的生产力（见图 2-2）。

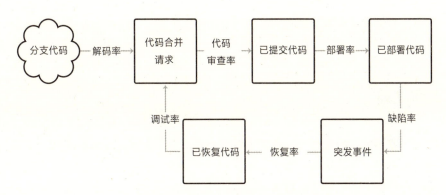

图 2-2　开发人员生产力的系统图解

● 根据我们的代码审查率，代码合并请求被转化为已提交代码。

● 已提交代码按照部署率转化为已部署代码。

● 已部署代码按缺陷率转化为突发事件。

● 突发事件按恢复率获得补救，成为已恢复代码。

● 已恢复代码按调试率转化为新的代码合并请求。

将这几部分联系起来，我们可以看到一个反馈循环。在这个循环中，系统的下游行为会影响上游行为，如果缺陷率太高或恢复率太低，你很容易陷入这样的境地：每次部署都会降低你的生产力。

如果你的模型优良，改进的机会是显而易见的。然而，要真正确定哪里值得你投入，你需要厘清这些流量和存量的真正价值。例如，如果已提交的代码没有积压，那么提高部署速度可能没有价值。同样，如果代码的缺陷率非常低，那么减少恢复时间对系统也产生不了多大影响。

创建一个平台来对运行状况的假设进行快速检验，而不必事先做好基础工作，这是我认为系统思维最好的一个方面。

模型之外

一旦养成了系统思维，你就很难停下来。你会发现，任何棘手的问题都值得用系统来表示。我发现即使不在其中插入数字，系统模型也是强大的思维辅助工具。

如果你确实想充分体验一下系统模型，那么可以借助少量工具。Stella是业内顶尖的模型构建工具，但价格相当昂贵，还需要购买一张非学术性的许可证。这张许可证比一台新笔记本电脑的价格还高。Insight Maker 是Stella 的平价替代品，Insight Maker 的界面设计有一些怪异，但可以选择自愿支付。

问题发现、问题选择和解决方案验证，产品管理的三个步骤

大多数工程组织都将工程领导班子和产品领导班子分开。这通常是理想的模式，不仅因为两个团队都能凭借各自的技能而受益，而且它们也可以从不同的角度、凭借不同的工作重点得到发展。

同时做好工程管理和产品管理两件事很难。我见过很多产品经理都很优秀，但很少有产品经理能在高水平完成分内之事的同时深入了解用户的需求。同样，我也和很多工程经理合作过，他们的工作以用户的需求为基础，但据我所知，当团队内部出现问题时，很少有人能将注意力放在用户身上。

这种理想模式并非总能与现实相一致。也许你所在团队的产品经理离职了，又或者一个新的团队正在组建，而你作为一名工程经理，需要在几个月内同时承担产品负责人和工程负责人两个角色，这段时间可能既令人兴奋又令人惧怕。

产品管理的工作有很多学问，需要多年的实践才能精通。为此我开发了一个简单的框架，当我为一个团队履行产品管理的责任时，我会借助这个框架。它算不上完美，但希望对你有所帮助。

产品管理是一场迭代淘汰赛，每一轮都包括问题发现、问题选择、解决方案验证和执行环节（见图2-3）。问题发现即发现可能存在的问题，问题选择指筛选能够解决的问题，解决方案验证是确保解决这些问题的方法尽可能低廉有效的过程。

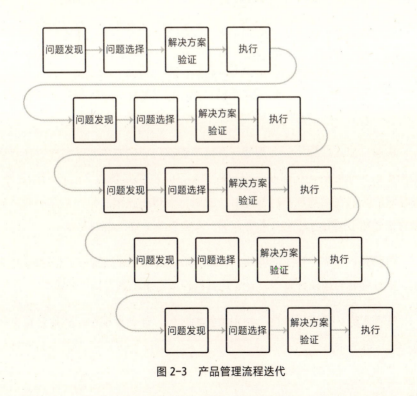

图2-3 产品管理流程迭代

如果这三个阶段你都做得很好并顺利执行，就能赢得再来一次的机会，下一次面临的问题将更复杂，范围也更广。如果你表现不佳，你的权利最终会被收回，你也有可能被淘汰出局。

问题发现：预测团队长期绩效的好方法

计划周期的第一阶段是探索你可以选择解决的不同问题。你可能想不到有非常多的团队会选择跳过这个阶段，但不难想见，这将导致团队在惯性驱使下，只对计划的局部内容进行优化。花时间评估待解决的问题是我发现的能预测团队长期绩效的最好方法之一。

我发现有助于为问题空间增加数据的主题包括以下几个方面：

用户的痛点。你的用户遇到了哪些问题。我们可以通过调查机制展开广泛调查，也可以通过采访不同用户群体中一些有趣的个体进行深入调查。

用户的目的。是什么吸引你的用户使用你的系统，以及如何更好地让用户实现他们的目标。

基准。即看看你的公司与同行业以及类似行业的竞争对手相比有哪些优势和不足，你的公司在哪些方面比较薄弱。这些都是值得考虑投资的领域。有时候，人们在用基准进行检测时，视野会变得很狭窄。但如果你同时将相似的公司和不同的公司纳入考虑范围，就会发现更加有趣的东西。

同期群。在你一目了然的用户同期群分布背后隐藏着什么？探索隐藏在顶层分析背后的同期群数据，是发现具有惊人需求的新型用户的有效途径。

竞争优势。通过了解自己特别擅长的领域，你会发现你比其他公司更有可能抓住的机会。

竞争壁垒。竞争壁垒是极致的竞争优势。竞争壁垒也代表着一种持续的竞争优势，让你有可能做出别人无法做出的产品。我们可以从三个不同的角度看待竞争壁垒：

- 你能利用现有的竞争壁垒做些什么？

- 你有哪些潜在的壁垒可以构建？

- 你的竞争对手享有哪些壁垒？

复合杠杆。你有哪些可组合的业务是可以今天开始构建，在未来能够合成主要的产品或技术杠杆的？我认为这类工作至少可以获得两方面好处。**这些潜在的业务最初看起来并不重要，不需要优先考虑，但它们的复合价值使得这项业务值得被重视。**

- 设计方面的一个例子可能是向应用程序引入一个新的导航方案，该方案可以更好地为你现有的扩展操作和模式提供支持，也能对未来的用户激增提供支持。如果该方案能够在未来防止新行动与现有行动的定位不一致的争论，那么它将带来额外的价值！

- 基础设施方面的一个例子可能是将失败的技术应用于新的标准。这不仅解决了可靠性问题，降低了维护成本，而且降低了未来迁移的成本。

7 个方面，让问题选择更容易

一旦你厘清了足够多的潜在问题，下一个挑战就是将这些问题的范围缩小为一组具体的问题。我认为在这一阶段应该考虑以下几个方面：

熬过这一回合。回想一下迭代淘汰赛，你需要做些什么才能在当前的回合中不被淘汰？你可能需要增加产品创造的收入，以避免它被取消或被调整等。

熬过下一回合。下一轮你需要处在什么位置才能避免被淘汰？要想提高短期的速度有多种方法，其中许多方法聚焦于对质量的权衡与取舍。相反，熬过来之后，你会获得更多资源，所以有时候权衡与取舍是合时宜的。

赢下每一个回合。在每一个回合中存活下来很重要，但赢下每一个回合也很重要！你需要怎样做才能确保赢下每一个回合呢？

考虑不同的时间安排。当人们在该解决哪些问题上出现分歧时，我发现冲突通常源于他们对适用的正确时间安排有着不同假设。如果你的公司将在6个月内耗尽资金，你会怎么做？如果没有外部因素驱使，你在两年后才需要公布结果，你又会怎么做？如果是5年后才需要公布结果呢？

行业趋势。你认为行业的发展趋势是什么？哪些工作将使你能够利用这些趋势，或至少避免在不久的将来重做这些工作？

投资回报。就我个人而言，我认为人们往往不太重视快速易得的胜利。如果你非常了解做小项目的影响和成本，那么就花点时间尝试按照预期的投资回报率对问题进行排序。在这个阶段，你不太可能知道确切的解决方案，所以很难计算成本，但对于你以前见过的问题类型，你也许可以做出可靠的猜测。（如果你自己没有相关的经验，可以问问周围的人。）特别是在成功能够带来复利的情况下，获得成功在中期和长期可能会有你意想不到的价值。

在实验中学习。你现在学到的哪些东西可以让将来的问题选择变得更容易。

解决方案验证，降低风险的有效手段

一旦缩小了你要解决的问题范围，很容易直接就进入执行阶段，但这种方法执行起来很可能遇到问题。因此，用一个明确的解决方案验证阶段来消除方法中的风险是非常必要的。

依我所见，确保解决方案验证有效，包括以下几个要素：

给客户写一封信。将你完成解决方案后要发送的公告写进信中。你能否写出一些激动人心、实用有益且饱含真情实感的信？用你的实际用户来检验比依靠直觉要强得多。

厘清现有技术。同行是如何处理这个问题的？别人以某种方式解决了一个问题，并不意味着它就是一种极好的方式，但至少说明它是可行的。要注意：最好依靠与你有一些联系的人，而不是依靠会议上的谈话之类的东西，因为会议上的错误信息多得惊人。

寻找参考用户。你能找到一些愿意成为该解决方案第一批用户的人吗？如果不能，你就应该考虑自己构建的解决方案是否有价值。

侧重验证而不是分析。善于使用廉价的验证比始终精于做出正确的选择要可靠得多。即使你很出色，但当你着手设计时，也必然会缺少必要的信息。分析通常可以发现缺失的信息，但这取决于你是否知道该去哪里寻找信息，而验证可以让你发现你未曾预料到的问题。

找到更快速的路径。验证一个解决方案的最昂贵的方法是完整地构建它。这种方法的好处是，如果你选择了一个优秀的解决方案，就不会浪费时间；其缺点是，如果解决方案不佳，你就浪费了大量时间。所以，你应该尝试找到最价廉的验证方式。

　　证明转换成本的合理性。对于转而采用你的解决方案的用户来说，转换的成本是什么？即使人们想使用它，高昂的转换成本也可能令他们望而却步。你需要做一个测试，看看你的潜在用户是否愿意支付全部迁移成本从而采用你的解决方案，而不是去实施他们已经安排好的解决方案。

　　作为一名旁观者，我发现成功的技术迁移在大多数方面与良好的解决方案验证分不开。这是一项普适的技能，你在学习过程中投入的时间会得到许多倍的回报。

　　你今天将这三项工作，即问题发现、问题选择和解决方案验证落实到位，虽然无法让你在一夜之间变成一名出色的产品经理，但它们将为你在下一次承担产品经理这一角色时，提供一个坚实的起点，并在此基础上发展这些技能，以及形成一些观点。

战略立足现实，愿景展望未来

　　当一个组织的规模超过 50 人时，你会感受到管理方面的压力，从而希望再增加一个管理层，你最终会这样做的。这应该是一个良性的事件：对一些管理者提供支持和对他们的上司提供支持有什么区别？答案是不应该有太大的区别。但对我来说，在这种时候，我以前运用的纠偏机制失效了。

　　我曾经与团队合作制订项目路线图，现在我发现自己越来越不了解他们正在进行的项目了。我曾经和团队讨论过不同的方法，现在我却没有时间参与这种讨论了。

　　我的第一反应是深入了解每个实例，但这并不是一个可拓展的解决方案，这一点并不令人意外。我的第二反应是设计一系列的"运营审查机制"，定期对指标和主要项目进行审查。虽然这两种方法各自都能起到相应的作用，但事实证明，相较于不那么具体的纠偏机制，这两种方法在学习和微调方面更有效。如果缺乏纠偏机制的情况持续一个季度，就会造成许多团队的潜力无法被发掘。

我需要想办法在各团队之间进行协调，从而更好地推广我提供的方法，这些方法有的是关于非常具体的挑战的，有的是关于企业的长期方针的。在尝试了一些不同的方法之后，我发现在战略和愿景上达成一致是最有效的方法，可以实现大规模的纠偏。

如何书写战略和愿景文件

战略是立足现实的文件，它解释了应对特定挑战要做出的各种权衡以及要采取的各种行动。愿景则是展望未来的文件，使那些没能紧密合作的个体下定决心互相配合。

战略和愿景的对比如图 2-4 所示。

	战略	愿景
目的	应对具体挑战的方法	促进协调的温和压力
特征	切合实际的	展望未来的
时间框架	可变的	长期的
特性	准确且详细	说明性的、方针性的
数量	只要有用，多少皆可	尽可能少

图 2-4　战略和愿景对比

根据需求选择合适的文件很重要，但最重要的是两种文件都试一试，感受一下！两者都是特殊的文字载体，需要一些练习才能掌握。我花了很多年才熟悉了愿景的写作，直到我开始对那些看似意识形态不相容的团队提供支持，这些文件的价值才逐渐显现。战略写作也是如此：我花了很长时间，并持怀疑态度对几本介绍战略的书进行了研究，才开始把我笔下的东西整合成有用的成品。

说到这里，是时候深入研究如何撰写战略和愿景了。

诊断方针和行动，战略的三个有效部分

一条战略应针对特定挑战的限制因素提出具体的行动建议。我在理查德·鲁梅尔特（Richard Rumelt）所著的《好战略，坏战略》（*Good Strategy, Bad Strategy*）一书中发现了一个极其有效的结构，共分为三个部分：诊断、方针和行动。

诊断是对当前挑战的说明。它指出了用来定义挑战的要素和制约，其核心是对问题的透彻陈述。举一个关于诊断的简单例子，如："我太忙了，没有时间考虑长期目标。每周我都要参加 35 小时的会议，我面临着立即提高团队绩效的压力。我觉得，如果把目前的会议停掉，团队短期绩效会下降。我担心，如果我的团队短期绩效下降，我这个能干的领导会丢面子。这也会影响我的职业发展。我相信，如果我不考虑长期目标，我们的绩效将永远不会提高，这也将破坏我的职业发展。"**一个优秀的诊断方案通常能让你在还没读完前，就已经想出若干可能的解决方法了。这就是一个定义清晰的问题陈述所具备的力量，也是它能成为战略重要基础要素的原因。**

接下来是确定你将用来应对挑战的策略。这些策略描述了你将采取的一

般方法，而且通常要在两个相互冲突的目标之间进行权衡与取舍。继续上面的例子，你可能会选择允许短期绩效下滑，以便对长期绩效进行投资，并与利益相关者一起制定积极的预期方针。

相反，你也可能会选择对长期绩效采用爬山算法，通过迭代短期改进来提高长期绩效。两者都是有效的指导方针，而且都接受了这样一个现实，即你能投入的资源是有限的。当你读到糟糕的指导方针时，你会想："那又怎样？"因为它提供的方法只能稳固现状。但当你读到优秀的指导方针时，你会想："啊，这会惹恼某个同事。"因为该方法在面对相互冲突的目标时采取了明确的立场。

当你把指导方针应用于诊断时，你会得到行动方案。人们往往擅长做出抽象的硬性决策，但很难将方针、策略转化为具体的实施步骤。这通常是最容易撰写的部分，但发布和落实可能是对践行承诺的一个重大考验。在上面的例子中，你采取的具体行动可能是停止参加每周的团队会议，以便腾出时间进行月度指标考核，同时毫无歉意地关起门来，集中精力闭关。当你读到优秀且合乎逻辑的行动方案时，你会想："这会让人不舒服，但我觉得它能发挥作用。"当你读到欠佳的行动方案时，你则会想："啊，采用这种行动方案的后果挺吓人的，但并不能真正改变什么。"

因为战略针对的是某一特定问题，所以多撰写一些战略是可行的，甚至应该受到鼓励。在过去的一年里，我和团队成员一起研究了我们如何与其他团队合作的战略，如何管理端对端应用程序接口（Application Interface，API）延迟的战略，以及如何管理基础设施成本的战略。我也曾窥探过其他人的想法。撰写战略的行为引导人们进行系统分析。因此，即使我们不彼此分享想法，撰写这些文件也能帮助我们解决很多挑战，包括巨大的挑战和普通的挑战。

人们有时会把战略描述得要么颇具艺术特色，要么颇为复杂，但我发现

一份优秀的战略，其最困难的部分往往写得相当通俗。你必须诚实地对待那些使挑战变得困难的限制因素，这些限制因素总是包括人员和组织某些让人不愿承认的问题。再多的艺术技巧都无法解决你不愿承认的问题。

优秀愿景的 7 个组成部分

如果说战略描述的是克服特定挑战所必须做出的艰难权衡，那么愿景则描述了这些权衡不再相互排斥的未来。一个有效的愿景可以帮助人们最大限度地突破局部制约去进行思考，并且不需要严格的集中协调就能轻松地对项目进展进行纠偏。

你下笔时应该面向足够遥远的未来，因为遥远，所以不确定性的范围一定很大，因此你可以专注于理念而非细节。愿景应该是详细的，但细节是用来生动说明梦想的，而不是用来硬性限制其可能性的。

一个优秀的愿景由以下几部分组成：

- **愿景陈述**。愿景陈述是由一两句话组成的展望未来的声明，对文件的其他部分进行总述。这是你发言的核心要点，你将在每次会议、规划期和战略回顾中重复这个要点。在愿景陈述中，你无需一一描述愿景的每个细节，但愿景描述确实需要引起人们的共鸣。

- **价值主张**。你将通过哪些方法对你的用户和你的公司产生价值？你将使他们取得什么样的成功？这里有一个顺序问题：你究竟应该以能力为起点对价值主张进行推理，还是采取反向操作？我发现，从你的用户出发，你的愿景会更宏大，也更符合实际。

- **能力。**为了实现你的价值主张，产品、平台或团队需要具备哪些能力？它是否需要支持多条独立业务线？它是否需要满足不同客户同期群的不同需求？

- **已解决的限制因素。**哪些限制因素是目前存在但在未来将不复存在的？例如，你目前把钱花在提升开发人员速度上，也许在未来，你将能够在保持低成本的同时使开发人员的速度加快。

- **未来的限制因素。**在这个美好的未来中，你认为会遇到哪些限制因素？希望这些新的限制因素很容易解决，比如通过投入更多资金或招聘更多人即可解决。

- **参考资料。**在附录中添加所有现有计划、指标、更新内容、参考资料和文件的链接，以供那些想了解更多愿景思想的人使用。这样一来，你可以在不用脱离上下文的情况下赘述文件内容，也可以避免愿景文件变得过于复杂。

- **叙述。**一旦你完成了前面的部分，撰写一份极具说服力的愿景文件的最后一步就是把所有这些细节综合成一段简短的叙述。这段叙述也许只占一页的篇幅，却是对全篇内容做出的易于理解的总结。在你的最终文件中，你可以将它设置为第二部分，置于声明之后。

把所有上述部分整合在一起，你就完成了一份愿景文件。它可以指导团队对决策进行纠偏，同时为团队创造空间，让它们在整个过程中能做出自己的选择和权衡。当人们参考该文件来做决策时，你就知道这个愿景达到了预期效果。当不符合愿景方向的决策不断发生时，你就会知道愿景并不十分理想。

与战略相比，愿景的格式有更大发挥空间。你读到的愿景远少于战略，所以在格式方面保持一致也就没那么重要了。你可以稍作发挥，找到最适合你的格式。还有一些我认为特别有用的技巧。

- **测试愿景文件。** 这份文件是一个核心领导力工具，你写出的第一个版本肯定是欠佳的。写一份草稿，和几个不同的人聊一聊，了解他们的观点，然后进行迭代。继续这样做，直到你将反馈综合起来。如果有你不认同的反馈，在愿景文件中注明这些分歧，将其视为一个解决冲突的机会。

- **定期更新。** 每年花一些时间来更新愿景，更注重使其行之有效而不是与旧愿景维持一致。如果你的旧愿景不能引起共鸣，没关系，重新再来，这表明你在过去一年里学到了很多。

- **使用现在时态。** 这将使写作具有冲击力且简单凝练，并传达对未来的信心。

- **简单易读。** 通常情况下，如果愿景文件中满是流行语，会让阅读者感到厌烦。

你可能希望每个完整独特的领域都有一个愿景，但没必要这样做。 如果领域重叠，你可以从统一的愿景中获得纠偏价值；一个方向有两个明确的愿景，比没有愿景更糟糕。

像其他领导力工具一样，愿景文件或战略文件是针对一组特定问题的解决方案，并非总能发挥效果。如果你的团队协调一致、表现优良，花时间写这些文件可能不会有太大的价值。

但是，如果你的团队正在努力与利益相关者保持一致，或者你正在努力领导一个有凝聚力的组织，那么这些文件就非常有用。随着你练习次数的增多，写起来也更得心应手，而且没什么风险，最坏的情况也不过是它们被人们忽视而已。

确保"做什么"与"如何做"不脱节

在每个公司的成长过程中，都会有这样的时刻：顶层规划从讨论具体项目转向讨论目标。这种情况会在每个领导层范围内反复发生，因为职责范围太广或太复杂，领导者无法持续了解每个项目的细节。这可能是一个非常鼓舞人心的时刻，因为目标将"做什么"与"如何做"分离开来，但对所有相关人员来说，这也可能是一个令人困惑的过渡期，因为编写清晰的目标需要练习。

从 4 个方面定义目标

糟糕的目标不过就是一堆数字而已。"第 50 页的构建时间将低于 2 秒""我们将完成 8 个大型项目"，当你读到这种目标时，你明白它不过就是一个数字，你不确定它是否需要费力争取，也不确定它是否重要。

优秀的目标是由 4 个具体的方面组成的：

- 一个指标：说明你想达到的地方。

- 一个基线：确定你今天的位置。

- 一个趋势：描述当前的速度。

- 一个时间框架：为变化设定界限。

把这些组合在一起，一个架构合理的目标就产生了："在第三季度，我们将把渲染首页的时间从 600ms（第 95 页）减少到 300ms（第 95 页）。因为在第二季度，渲染时间已经从 500ms 增加到 600ms"。

检验一个目标是否有效的两个标准是：对某一领域不太了解的人是否能感受到目标的困难程度，以及事后他们能否评估目标是否成功实现。如果你对前面提到的 4 个方面都进行了定义，那么你的目标通常将满足这两个标准。

将投资指标和基线指标相对应，避免意外结果

有两种特别有趣的指标：投资指标和基线指标。投资指标描述了你想要达到的未来状态，而基线目标描述了你想要保留的现实状态。

想象一下，你想加快数据管道的速度，你的目标可能是："到第三季度末，核心批处理作业应该在 3 小时内完成（第 95 页）。它们在第二季度，变慢了 2 小时，目前需要 6 小时才能完成（第 95 页）。"这是一个结构良好的目标，但还不完整，因为明天你也许会通过将集群的规模翻倍来实现这个目标。

避免这种意外结果的最好方法是将你的投资指标与基线指标——有时被称为抵消指标（countervailing metrics）相对应。数据管道的基线指标可能包括如下几点：

- 运行核心批处理作业带来的效率提升对应的成本不应超过当前价格，即每 GB 0.05 美元。

- 核心批处理作业不应增加团队运营和管道使用的警报负荷，目前每周警报两次。

基线指标非常有助于缩小你为实现投资指标而探索的解决方案空间。它们还有助于确定何时应该暂停实现目标，反而应该为提高平台质量而投资。例如，如果你在启用新功能方面取得了很好的进展，但站点的稳定性下降至基线以下，则此框架提供了一个结构来触发你调整工作的优先级。

虽然你的基线往往关乎保留当前的属性，但你也可以在触发优先级调整之前接受某些指标下降。也许你可以接受成本增加 10%，只要你的投资指标得以实现即可。这种预先明确的权衡与取舍是非常有用的。

计划和合约

使用目标的最常见方式是将其应用于计划过程。通过将每个团队的投资指标和基线指标组合对齐，你能够为团队设定明确的期望，同时仍然让它们对如何满足限制因素拥有完全的自主权。我认为你应该尽可能少地指定投资指标，3 个基本上就够了，并且这些应该是计划讨论的重点。

你可能想确定更多的基线指标而不是投资指标，但最简单的做法是将它们分开，以避免讨论陷入僵局。理想情况下，基线会在整个规划周期内延续，这样它们就框定了投资指标，但在任何给定的规划周期内都不需要太多的积极讨论。

一个可能的例外是，当你把基线用作与合作方的合约时，可能指定了一个短期流动性调节工具。此时相比于其他基线，你可能要对它进行更明确的讨论。

如果缺少短期流动性调节工具，可能需要立即重启优先级调整；而缺少其他大多数基线则通常可以更有条不紊地解决问题。

从目标与关键成果法（Objectives and Key Results，OKR）着手，有几十种不同的方法来设置指标，但我推荐的这种形式很有效，并且效果立竿见影。

用指标指导广泛的组织变革

虽然人们在编写新计划或反思过去的计划时，经常谈论到目标和指标，但我对指标最深的记忆源于我目睹了它们被用来推动大型组织变革。尤其是，我发现指标是一种极其有效的方式，可以在几乎没有组织权威参与的情况下领导变革。我想写下我是如何见证它们起效的。

在 Stripe 公司和优步，我曾有机会管理基础设施成本。参见莱恩·卢普保罗（Ryan Lopopolo）的精彩博文《有效使用 AWS 预留实例》(*Effectively Using AWS Reserved Instances*)。没有接触过基础设施成本的人通常认为其无聊乏味，但当你深入研究这个问题时，你就会发现它是学习领导组织变革的丰富土壤，它也充分说明了如何用指标来领导变革。

基础设施成本是基线指标的绝佳代表。当你被要求负责管理一个公司的整体基础设施成本时，你会从一个目标开始：将基础设施成本占比保持在目前净收入的 30%。这个百分比在本例中是一个虚构的数字，因为具体的百分比取决于你所处的行业和成熟度，但我发现把它与净收入联系起来比把它固定在一个具体的美元数额上更有用。

由此出发，我发现下面这些方法是有效的：

1. **探索**。第一步是在数据仓库、SQL 数据库甚至 Excel 电子表格中获取格式可探索的数据。一旦有了这些数据，就要花时间去查阅它，熟悉它。**在这个阶段，你的目标是确定变革的杠杆在哪里**。例如，你可能会发现，你的批量处理流水线占据了你的大部分成本，而你的数据仓库却出奇地便宜。这将使你能够更专注下一步行动。

2. **下潜**。一旦你了解了三四个主要的成本影响因素，就要深入了解这些领域以及驱动它们的杠杆。批量成本可能很容易受作业数量、存储总数据或新产品开发影响，也可能完全由两个昂贵的作业驱动。**深入了解可以帮助你建立心智模式，也可以在你和那些想要密切合作的团队之间建立起关系。**

3. **归因**。要想深入分析大多数公司级别的指标，比如成本、延迟、开发速度等，第一步的操作能让我们清晰地认识一个团队，该团队在名义上对该指标对应的绩效负责，但这通常只是个幌子。当你把这个幌子揭开，就会发现这个团队的绩效实际上是由其他几十个团队推动的。例如，你可能有一个负责提供虚拟机的云计算工程团队，但他们并不是为这些虚拟机编写运行代码的人。**将成本指标扔给云计算团队轻而易举，但那只是推卸责任。更有用的方法是帮助云计算团队建立一个二级归因系统，能让你围绕使用该平台的团队建立数据。这种二级归因能帮你锁定那些在下一步能够产生影响的人。**

4. **构建背景**。利用归因数据，开始围绕每个团队的业绩构建背景。最通用且能够自我管理的方法是基准化分析法（benchmarking）。对一个团队来说，知道自己每月花费 10 万美元是一回事，而不仅知道自己每月要花费 10 万美元，还知道在所有 47 个团队中自己团队的花费位列第二则完全是另一回事。基准化分析法特别强大，因为它能自动适应行为的变化。**在某些情况下，针对所有团队的基准化分析法太粗糙了，只针对一小部分群体可能比较有效。**例如，你可能得分别为前端、后端和基础设施团队界定同期群，因为他们的成本状况差异很大。

5. **助推**。一旦你围绕数据建立了背景以便人们解读，下一步就是开始鼓励他们采取行动了。看板系统在分析方面功能强大，但基线指标的挑战在于，人们在绝大多数时间内没必要考虑它们，而这可能会导致他们完全忘记基线的存在。我发现有效的做法是，向那些指标最近发生变化的团队通过电子邮件推送通知，其中包括绝对变化以及他们与同期群相比的基准绩效。这可以确保你每次向团队推送信息时，都将他们应该奉行的重要信息包含在内。**助推的强大之处在于，只需让人们知道他们的行为发生了变化，通常**

就能激励他们采取行动，而且不需要任何组织权威出面。[关于这个话题的更多信息，请参阅理查德·塞勒（Richard H. Thaler）和卡斯·R. 桑斯坦（Cass R. Sunstein）的《助推》（*Nudge*）①。]

6. **基线**。在最好的情况下，你将能够通过背景助推来驱动你所需要的组织影响，但在某些情况下，这还远远不够。下一步是与关键团队合作，就绩效的基线指标与之达成一致。这样做是非常有用的，因为它确保了基线的重要地位，也为这些团队提供了与利益相关者协商优先事项的强大工具。在某些情况下，这确实需要一些组织权威，但我发现，人们普遍愿意负起责任。**只要你能抽出时间向关键团队解释为什么这个目标十分重要，通常也就不需要组织权威介入太多。**

7. **考核**。希望负责考核工作的不是你，因为每月或每季度都要进行一次考核，看看每个团队的表现。如果团队没能维持它们商定的基线，就应提议将达到基线作为优先事项。这通常需要一名执行主管，因为没有达到基线的团队几乎总是将其他目标置于优先级较高的位置，它们需要你帮助它们向利益相关者解释为什么做出改变很重要。

我已经见证了这种方法的有效性，更重要的是，我发现它具有很强的可扩展性。它使一个公司能够同时维护许多基线指标，而不会使其团队负担过重。这在很大程度上是因为，这种方法侧重于在关键驱动因素中推动有针对性的变革，只需要一小部分团队参与完成某些给定的指标。这种方法之所以有效，是因为它尝试尽量减少自上而下的协调，提供信息，鼓励团队自己调整各项工作的优先级。

---

① 助推是指保留人们自主决策的权利，适当影响人们做决策的过程。卡斯·R. 桑斯坦的新书《助推2.0》中文简体字版已由湛庐引进、四川人民出版社于 2022 年出版。——编者注

迁移，解决技术债务的唯一可扩展方法

我参与过的最有趣的迁移是优步从由 Puppet 管理的服务迁移到一个完全自助的供应模式。在这种模式中，公司的任何一名工程师都能够在两次点击后启动一项新服务。他们不仅可以这样做，而且确实这样做了，在每天的服务完成时预设多个服务，每个新聘用的工程师都可以在第一天从零开始创建服务。

这次迁移之所以如此有趣，是因为容量。刚开始的时候，配置一个新的服务需要大约 2 周时间和大约 2 天的工程时间，而且进度每天都在落后。这在当时带来的压力可不小。但这也是让我们学习如何大规模运行软件迁移的完美实验平台：迁移规模足够大，甚至可以看到小的变化，而且时间足够长，我们可以尝试许多方法。技术迁移的各个阶段如图 2-5 所示。

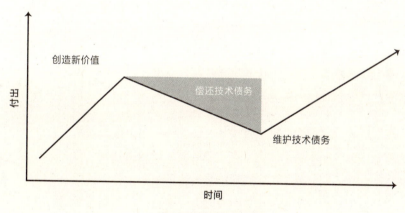

图 2-5　技术迁移阶段

随着代码库的老化和业务的增长，迁移是必要的，但结果令人沮丧：**大多数工具和流程只能支持大约一个量级的增长，然后就会变得无效，所以业**

务的快速增长经常需要对系统进行迁移。**这并不是因为你的流程或工具很糟糕，实际情况恰恰相反。**一些工具在业务规模大幅增长时无法继续发挥作用，这一事实表明，有人根据之前的限制因素对它们进行了适当的设计，而并非过度设计。

因此，你会经常更换工具，而你迁移到新软件的能力很容易成为制约整体迁移速度的决定性因素。我们并不经常对运行迁移进行讨论，但鉴于迁移的重要性，现在就来做个补救吧！

迁移的目的：创造技术优势

迁移之所以重要，是因为它通常是在技术债务方面取得重大进展的唯一可行途径。工程师讨厌技术债务。如果他们可以通过一个简单的项目偿还技术债务，那么他们愿意亲力亲为，愿意独自承担这个项目的相关工作。工程经理也讨厌技术债务。如果团队可以通过单独执行一个简单的项目去偿还技术债务，那么工程经理愿意安排团队这样去做。总的来说，在减少债务方面几乎没有什么唾手可得的方法，大多数工作需要许多团队一起完成。这样做的结果就是需要对代码库进行迁移。

每次迁移的目的都是创造技术优势，你的索引不再需要放在一台单独的服务器上，或者减少技术债务，在主服务器故障切换时你已确认写入的操作能够持续存在。迁移处于一种尴尬的境地，即人们会为了减少今天的成果来换取明天更多的容量。这使得迁移计划饱受争议，而且随着系统的壮大，迁移的费用也越来越高。据说，谷歌人常用"奔跑却停滞不前"来描述一个团队将全部精力都消耗在升级依赖关系和模式上，以至于这个团队的产品或系统无法取得任何进展。把所有时间都花在迁移上是很极端的做法，但很多中型公司都有一长串无法处理的迁移工作：从虚拟机转移到容器，采用断路器设计，使用新的构建工具……迁移工作的列表即使写上一天也写不完。

随着公司规模的扩大和代码的增加，**迁移成为有效管理技术债务的唯一机制。如果你不能有效地进行软件和系统迁移，组织最终会陷入技术债务的泥潭。**不管怎样，你始终要进行一次迁移，而且可能要完整重写一遍迁移代码。

3 个步骤，实现良好的迁移

虽然迁移很难，但如果按照一套非常标准的规则进行迁移则效果绝佳。这一规则就是：去除风险、启用、收尾。

去除风险

迁移的第一个阶段是去除风险，而且要尽可能快、以尽可能低的成本进行迁移。写一份设计文档，与你认为最难迁移的团队一起讨论，然后对这些内容进行迭代。与那些具有非典型模式和边缘案例的团队讨论，然后对这些内容进行迭代。用未来 6～12 个月的路线图来测试这些内容，然后再迭代。

在你改进了设计之后，下一步是将其嵌入最具挑战性的一两个团队，并与这些团队并肩工作，建立、改进和迁移到新系统。不要从最容易迁移的部分开始，这可能会导致大家误认为系统安然无恙。

有效去除风险非常重要，因为每一个支持迁移的团队都期盼你能完成这件事，而不是迁移后发现系统出了问题，然后不得不再迁移回来。如果这次迁移只完成了一部分，他们就会对参与下一次迁移产生极大的担忧。

启用

一旦你对能解决预期问题的方案进行了验证，就可以开始打磨你的工具了。许多人在开始迁移时都会生成跟踪记录，以便团队实施，但你最好放慢速度，构建工具，以程序化的方式对 90% 的内容进行迁移。这能从根本上降低整个组织的迁移成本，提高组织迁移的成功率，并为未来的迁移创造更多机会。

你一旦以程序化的方式处理了绝大多数迁移工作，就要弄清楚你可以提供的自助服务工具和文档，以便团队能够进行必要的修改而不至于陷入困境。最好的迁移工具是增量且可逆的：如果出了问题，人们应该能够立即恢复到以前的状态，而且你应该在文档中给出必要的提示，来降低他们选择特定的迁移路径的风险。

文档和自助服务工具是产品，它们在同一机制下会得到良性发展：你与一些团队成员一起坐下来进行沟通，看着他们在遵照你的指示操作时会发生什么，然后做出改进。再找到一个团队，重复进行上述过程。多花几天时间来做这件事，让你的文档更清晰、工具更易用，这样可以在进行大规模迁移时节省大量时间。行动起来吧！

收尾

迁移的最后一个阶段是废除你已经替换的遗留系统。这需要组织从上到下全部采用新系统后才能完成，要做到这一点可能面临巨大的挑战。

首先要做的是"止血"，也就是确保所有新写的代码都使用新方法。你可以在代码检查工具 linter 上安装一个用来检查不佳代码数量的规则 Rach-et，也可以更新文档和自助服务工具。不管怎样，第一步一定要这样做，因为它经得起时间的考验。通常情况下，完成这一步以后，你的进度非但不会落后，反而会领先。

好了，现在你应该开始生成跟踪记录，并设置一种机制，将迁移状态推送给需要迁移的团队和管理层全体成员。为迁移提供更广泛的管理环境很重要，因为管理者是确定迁移优先级的人：如果团队没有进行迁移，通常是因为他们的领导层没有优先考虑迁移。

此时，迁移工作差不多完成了，但你还要扫尾，包括完成许多奇怪的或没有分配出去的工作。你只能自己完成这些，并且没有其他工具可用。这项工作不一定有趣，但要圆满完成收尾工作，就需要主导迁移的团队自己去摸索。

关于收尾，我的最后一点建议是应该以奖励为主。在迁移过程中，庆祝是很重要的，但是最重要的庆祝和褒奖应该留到迁移成功完成时再进行。特别是，已经开始了迁移但又没将其完成，这通常会导致巨大的技术债务，因此你的激励和奖赏机制应该避免造成不良刺激。

组织重组，影响组织成功的重要因素

我认为，在快速成长的公司中，有两种管理技能会对组织的成功产生极大的影响：一是降低技术迁移成本；二是进行利落的重组（见图 2-6）。做好这两件事，你就可以避免"奔跑却停滞不前"的无力感，并将你的注意力投入更有成效的工作。

在这两种管理技能中，进行重组更为常用，所以让我们通过一个轻度结构化的框架来重新设计一个工程组织。

注意，这更像是一种思维方法，而不是解决步骤。

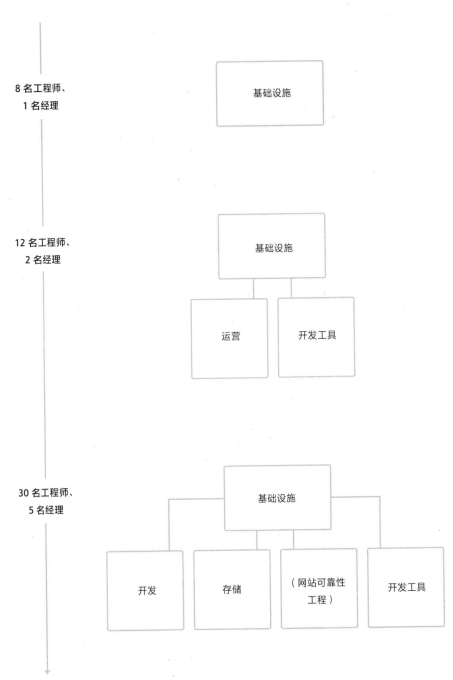

8 名工程师、
1 名经理

12 名工程师、
2 名经理

30 名工程师、
5 名经理

图 2-6　随着组织的发展进行重组

我规划组织变革的方法如下：

- 确认组织变革是正确的手段。

- 预测一年后的人员编制数。

- 设定管理层与个人贡献者的目标比例。

- 确定合理的团队和团队小组。

- 为团队和小组规划人员配置。

- 承诺向前迈进。

- 推广变革。

现在，让我们就每一点进行分析。

先明确重组的目的，再着手实施

重组通常用于解决人员配置的结构性问题，而最糟糕的重组是：为回避人员管理问题而进行重组。

为确保重组是适当的，我列出了如下清单进行检验：

- **问题是结构性的吗？** 组织变革提供了增加沟通、减少决策摩擦、集中精力的机会，如果你只是在寻求不同的改变，请考虑是否有更直接的方法。

- **你的重组是为了修补一段破裂的关系吗？** 管理是有因果循环的，你最好去解决根本问题，而不是继续围着它兜圈子。

- **问题是否已经存在？** 最好等到问题切实存在的时候再去解决，因为预测未来是非常困难的。即使你想到的这个问题确实会发生，但在此之前你可能会先遇到一个完全不同的问题。

- **这些情况是暂时的吗？** 你是否处于一个关键期，在做一些你不会再做的事情？如果是，那么从一个全新的角度着手修复或重新思考可能会更容易，避免只针对暂时性故障模式进行优化。

此时，你可能仍想重组。

预测员工编制数的方法

设计组织的第一步是确定其大致的总体规模。我建议从三四个不同的方向来预测员工编制数。

- 基于可以开展工作的最低要求得到的一份乐观的数据。

- 如果每个团队和职位都是满员的，那么就基于组织的"自然规模"来确定这个数据。

- 基于历史招聘率得出的现实数据。

将上面这些数据融合为一项数据。

除非你在这个过程中做了一些有意义的改变，否则历史趋势很可能是准确的，因此这些数据是最值得参考的。我的感觉是，在招聘结果出来后，容易发生的显著变化并不多。

使用一年后员工编制数的目的之一是避免对你目前的确切情况和目前正与你共事的员工进行过度优化。**组织变革对很多人来说是非常具有破坏性的，所以我越来越认为你应该从框架而不是从关键人员入手去推动组织设计。**

确定经理与工程师的合理比例

一旦你得出了预测的总人数，你需要确定你希望每名经理为多少人提供支持。尤其是当你的公司对工程经理这一角色的工作有着不同的定义时，经理需要为多少人提供支持会受很大影响。如果工程经理需要做实际的技术工作，那么他的团队应有3～5名工程师。除非这个团队长期合作良好，否则在这种情况下，事情将变得非常具体，难以简要概括。

另外，根据经验水平，一名经理为5～8名工程师提供支持是相当普遍的现象。如果你的目标是每名经理为8名以上工程师提供支持，那么你应该反思：为什么你认为你手下的经理可以承载一个明显高于行业平均水平的负荷？他们是否有特别的经验？你的期望值是否比一般人低？

不管怎样，确定目标人物的数量，5～8名工程师是比较合理的。

界定团队和小组，明确组织的大致形态

现在你已经明确了目标组织的规模以及经理与工程师的目标比例，是时

候弄清楚你的组织的大致形态了。

假设你有 35 名工程师，每名经理为 7 名工程师提供支持，那么：

$35/7=5$ 名经理

$Log^7(35) \approx 1.8$ 名经理的经理，也就是二级经理

在一个处于发展中的公司，你通常应该把经理的人数四舍五入，因为这是一个"静态"的计算，而你的组织却在不断发展。

有了这些数字，你就更容易了解你应该拥有的团队和团队小组的总体数量了。第一种情况，有 35 名工程师，你将需要 1～3 个小组，总共包含 5～6个团队。第二种情况，如果有 74 名工程师，你将需要 2～4 个小组，由12～15 个团队组成。下面还有一些额外的注意事项。

- 你能为每个团队写一份清晰的任务说明吗？

- 你个人是否愿意成为每个团队的成员，以及成为每个团队的经理？

- 把一起工作的团队（尤其是表现不佳的）尽可能地放在一起。这可以在产生分歧时，最大限度地减少逐级上报的层级，允许仲裁者了解到足够的背景信息。另外，大多数糟糕的工作关系是信息缺口的副产品，而没有什么比关系亲近能更快填补这些信息差了。

- 你能为每个团队界定明确的接口吗？

- 你能列出每个团队的所有权范围吗？

- 你是否创建了一个无空隙的所有权导图，从而确保每个责任都由一个对应的团队承担？尽量避免间接制造所有权空缺。如果你需要明确制造所有权空缺，那么定义无人员编制的团队，是一个更好的解决方案。

- 是否每个团队都有令人信服的候选人标准？

- 你是否过度针对个体进行优化，而不是建立一个合理的结构？

这是组织设计中最不容易被公式化的方面，如果可能的话，界定团队和小组是你依靠人际网络和类似的组织获知他人想法的好时机。

针对 4 类候选人对团队和小组的人员进行配置

通过组织设计和人员总数规划，你可以大致确定何时需要为每个技术领导岗位和管理领导岗位安排人员。

由此出发，有如下 4 类候选人可供你进行人员配置：

- 现在已经准备好填补这些角色的团队成员。

- 能够在规定时间内成长为这些角色的团队成员。

- 从公司内部调动的人员。

- 已经具备这些技能的外部雇员。

你也许应该按照上面的顺序填充关键角色，一方面是因为你想要的是那些已经了解你的团队文化的人，另一方面是因为依赖那些尚未被雇用的人会

使重组更难成功完成。

具体来说，我建议用电子表格列出每一个人的名字、他们目前所在的团队，以及他们未来将去往的团队。不小心漏掉某人可是重组的大忌。

先得到多方认可，再推动组织重组

现在是时候下定决心采取行动了。

在你决定完全投入之前，还要问自己几个问题：

- 这些变化是有意义、积极的吗？

- 新的结构是否能持续至少 6 个月？

- 在设计过程中，你发现了什么问题？

- 这之后，什么会触发再一次重组？

- 谁将会受到最大的影响？

在你回答了这些问题之后，确保答案不仅得到你自己的认可，而且得到你的同事和领导层的认同。组织重组一旦开始是很难逆转的，所以你们必须共同承诺向前推进，即使在前进的过程中遇到了挑战，也要坚持下去。历史经验告诉我们，你肯定会遇到挑战。

推行重组的三个关键因素

推行是重组的最后一个阶段，往往也是最尴尬的一个阶段。优秀的推行工作包含三个关键因素：

- 解释推行重组的原因。

- 记录每个人以及整个团队将受到的影响。

- 帮助受影响个体排解挫折感。

一般来说，实现这一点的实际手段如下：

- 先与受影响严重的个人进行私下讨论。

- 确保管理者和其他关键人物做好解释变化背后原因的准备。

- 发送电子邮件，记录这些变化。

- 随时做好讨论的准备。

- 如果有必要，可以举办一次面向组织全体成员的会议，但尽量不要这样做。人们在大群体中往往不能很好地处理问题，最好的讨论是在小房间里进行的。

- 加倍进行一对一越级谈话。

到此为止，你已经完成了一次工程重组。希望你暂时不用再这么做了。

我认为，**一个组织既是人的集合，也是独立于成员的理念的体现**。你不能单纯地从某一个方向来对组织进行推测。对于任何特定的重组，都有许多极其有效的不同思考方式，你应该把这些观点当作思考变革的模型，而不是当作一个确定的路线图。

厘清管理手段

当我从直接支持团队转变为与团队的管理者合作时，在不了解他们日常任务的情况下，我的工作很难保证效率。我的第一反应是，在更广泛的领域也要对工作背景保持同样精准的掌握。在和我一起工作的人看来，这可能与微观管理没有区别。

基于大量的反馈和反思，在确定哪里该参与和哪里该回避时，我变得更加谨慎。我称这个过程为厘清管理手段。管理手段是你用来与你合作的其他管理者保持一致的机制，其范围既包括界定指标也包括制订冲刺计划——我不推荐后者。**没有一套一劳永逸的管理手段，虽然你会想根据团队的规模和你与团队领导者的关系进行组合搭配，但其构架本身是普遍适用的。**

我所见过并使用的一些最常见的管理手段包括如下方面：

- **指标**。与结果保持一致，同时在如何实现结果方面保持灵活性。

- **愿景**。确保你们就长期方向达成一致，同时保留短期灵活性。

- **战略**。确保你们对当前的限制因素以及如何解决这些限制因素有共同的理解。

- **组织设计**。允许你在子组织的背景内协调更广泛的组织的发展。

- **员工总数统计和员工调动情况**。是确定优先级的最终手段，也是验证组织优先级如何在各个团队中纠偏的有效方式。

● **路线图**。确保在问题选择和方案验证上保持一致。

● **业绩考核**。用于协调文化和认可。

还有相当多其他可行的管理手段，其中许多可以针对你所在公司的特定会议和讨论会。你可以参考这个清单，但不要拘泥于此。

无论你选择什么样的管理手段，接下来都是要就这个管理手段的纠偏程度达成一致。以下是一些我认为对厘清管理手段很有用的方式：

● **由我来做**。主要针对那些我个人要负责的事情。当你要做某事时，最好对责任进行明确，避免责任上的混淆不清，因此最好谨慎使用。

● **预审**。主要针对我希望能尽早参与并且经常参与的事情。这可能是我们意见不大一致的地方，预审将帮助我们避免做重复工作。

● **回顾**。我想在管理手段公布或全面推广之前再斟酌一下，但我们在这个问题上是很一致的。

● **做笔记**。主要针对我想跟进的项目，通常用于影响广泛的行动，我们在这些行动上保持着良好的一致性，我希望能够正确描述同事们的工作。

● **没有意外**。我们目前的工作是协调一致的，但仍需要不时地更新才能保证我的心智模式不受影响。如果有人问起我相关的问题，我希望能够正确回答，这对我来说尤为重要，因为我的工作效率是根据我处理新问题的能力来评估的。

- **让我知悉**。我们在这一点上很一致，因为我的同事以前就这样做，而且做得很好。我希望如果有什么事情我能帮忙，他们可以告知我，但我认为事情会顺利进行，并且有十足的信心，所以我们也不需要谈论过多。

将你的管理手段和纠偏程度结合起来，这样你和你支持的人之间就建立了联系。这样做减少了你们一起工作的不确定性，使每个人都能集中精力，有助于你达成绩效目标，也能让你清楚地认识到你和同事之间的纠偏差距。除非你刚刚开始与某个人一起工作，否则不要对他的每一项工作都进行预审。

此外，**作为一名领导者，将管理手段和纠偏程度结合起来，也是一个有用的诊断方法，可以确定你是否在进行微观管理**。如果你无法想象一个不对每个人的工作进行预审的世界，那么也许是时候反思一下是什么阻碍了你团队的发展壮大了。

选择能充分发挥优势的职业之路

管理中一个奇特的挑战是，当人们对自己的目标不确定时，就会试图在职业发展方面进行投资。作为管理者，你可能在公司里有更多的经验和机会，但这只代表着一个人职业生涯的一小部分可能性。我们的学校教育经常鼓励我们要成为有条不紊的线性思维者，但这种思维方式在某些领域并不适用。

进入一个职业，尤其是对我们这些有幸在科技领域工作的人来说，选择是如此多样，有效地探索各种职业选择需要采用不同的方法。选择的宽泛性也意味着，作为一名管理者，你不能简单地给人们提供一条职业道路，否则你将不可避免地把他们引上同样的道路，使他们遭遇本可以避免的激烈竞争。

换个角度看，规划自己的职业生涯也是相当有挑战性的。我有时会发现自己刚参加完一个指导他人职业目标的会议，紧接着又要参加一场会议。在后面这场会议中，我必须努力地组织语言才能阐述清楚自己的目标。最困难的是，大多数人总是处于他们职业生涯发展的最远端，每一次变化只不过是又向未知的方向迈进了一步，他们对公司所能提供的即将到来的机会了解有限。

我发现，关于职业生涯叙事，团队成员的观点和他的上级管理者的观点能够达成一致。我曾经在《火箭船上的角色》(*Roles over Rocket Ships*)和《与你的上级合作》(*Partnering with Your Manager*)中介绍过这些虚构的叙事文档，但考虑到它们的作用，有必要在这里介绍维护这些文档的过程。

避免人为的竞争，提升经验不足的领域的技能

如果你花 10 分钟向 12 个人询问他们近期的职业目标，我猜其中 11 个人的目标是通过升职或跳槽来让自己的职业发展再上一个台阶。我这样说并不意味着攀登职业阶梯是坏事，因为设计职业阶梯的初衷就是供人攀登的，但它有一个副作用，那就是把大多数人引向一个容量有限的机会池。

我慢慢发现并且越来越相信，职业阶梯上的机会比职业阶梯下的机会多得多，把这些机会包括进来，你会取得更大的进步，并且能感受到这种进步。而且，你会发现更多能够与同事合作的机会，不再为有限的晋升名额而竞争。

例如，如果你的长期目标是成为一家中型公司的工程主管，那么你可以通过尝试一点一点地扩充你在当前公司的角色，逐步成为该公司的工程主管来实现这一目标。这种方法只适用于公司里已经处于相关职位的那个人，但对其他同样希望能借此晋升为工程主管的人来说，就不太适用了。

你可以采用的方法是找出你与一名强大的工程主管之间的差距，然后借助你目前的角色有意识地去缩小这些差距。优秀的工程主管具备组织设计、流程设计、商业战略、招聘、指导、教练、公开演讲和书面沟通方面的熟练技能。他们还拥有广泛的人脉，并且具备产品工程和基础设施工程等诸多方面的技术基础。关于工程主管的特别完整的技能清单中包含的项目不止于此，因此你还有很多方面需要改进。你可以找机会练习所有这些技能，没有必要认为目前的角色阻碍了你的发展，你需要的一切目前的角色也都能够提供。

重要的是，**广义的职业道路不一定与你的目标完全一致，也不太可能充分发挥你的优势。**设定目标的关键是，提升你经验不足的领域的技能，从而在最大限度上取得整体上的成功。但在目前的环境中，通过优先做你擅长的事情，在局部取得成功，也同样重要。

把这些都记在心里，花一小时尽可能多地写出你在未来1～5年内想要完成的目标，然后对这个目标清单进行优先级排序，挑选几个你想在未来3～6个月重点关注的目标，并在下一次一对一谈话时与你的上级分享。

解读目标，不断完善你的职业生涯叙事

确定了目标后，下一步就是将这些目标转化为行动。这时，你的上级可以成为你职业生涯叙事迭代中对你很有帮助的伙伴。

管理者往往对企业的需求有很强的意识，这种意识会转化为寻找兴趣和

企业优先级之间交集超强的能力。这种解读是一种创造性的追求，所以不要把它完全留给你的上级，你也要参与进来。围绕项目展开头脑风暴，研究其他公司的员工是如何实现类似目标的。对于这些目标，你可以补充上级不太了解的方面。例如，工程师通常比工程经理有更多的会议发言经验。

在讨论过程中展示你的目标清单，有助于保证讨论成功。如果你连一个粗略的方案都拿不出来，一般情况下，你的上级会对你的目标提出常见的质疑，而你的职业生涯叙事就成了一种为了获得晋升而使用的走过场的工具。

这一份经过优化的目标清单，与公司的优先级相一致，它将成为你和你的上级在职业发展中达成合作的核心"文件"。大约每一个季度，你需要花一些时间来更新这份文件，并与你的上级一起回顾里面的内容。

如果你认为花时间去写一篇职业生涯叙事是不值得的，你当然可以不写。大多数人在其整个职业生涯中一篇都没写过，尽管没写过，但他们的职业生涯非常充实。

但是，如果你不写，那么可能没有人对你的职业生涯进行指导。盲目追逐下一次晋升的机会，就好比在批量生产的藏宝图上标记的位置挖宝，所有人都能得到这样的藏宝图，所有人都会在同一个地方挖，用这种方法找到宝藏的机会很渺茫。不要去往那里，而要去真正能挖到宝的地方。

用媒介表达想法

我在 Digg 工作时，很幸运能得到我的同事克里斯蒂娜的 5 分钟媒介培训。那次简短的培训深深地印在了我的脑海里，此后也经常在我的脑海中浮现。后来我意识到，我也许应该把其中的内容写下来。

用媒介表达想法有三个规则：

1. 回答你想被问到的问题。如果有人问了一个非常难回答或具有挑战性的问题，就把它变成一个你能自如回答的问题。不要接受一个问题的隐含框架，而是要抓住机会，重新为它设定框架。乔治·莱考夫（George Lakoff）的《别想那只大象》（*Don't Think of an Elephant*）[①]是一本关于为问题设定框架的指南，简单易读。

2. 保持积极。负面的故事可以很有说服力，但它们也有很大的风险。作为一名受访者，要找到一个积极的叙事框架并坚持下去。当涉及竞争对手和争论时，保持积极尤为正确。

3. 用三段式发言。将你的信息缩减为三个简明的要点，并在后续发言中反复强调这三个要点。

用媒介表达想法就是这样简洁、紧凑。10年后，我仍在使用和学习这一方法。

"样本—记录—分享"法

在我职业生涯的早期，我花了很多时间试图找到我的领导风格。最近，**我发现更为有效的做法的是，思考该如何成为一名风格多样且能根据具体情况加以应用的领导者。把自己限制在一种风格中太难了。**

最难也最常见的领导风格之一是，在没有相应的权力的情况下进行领

---

① 《别想那只大象》是"认知语言学之父"乔治·莱考夫高屋建瓴之作。他用"别想大象"这个例子说明在辩论中战胜对手的方法很简单：千万不要用对方已经不断重复强调的关键词。该书中文简体字版已由湛庐引进、浙江人民出版社于2020年出版。——编者注

导。我曾经写过一篇文章，介绍了在这种情况下的一种非常有效的领导方式，我称之为"样本—记录—分享"法（见图 2-7）。

图 2-7　"样本—记录—分享"法

实际应用"样本—记录—分享"法

想象一下，你以工程经理的身份开始了新的工作，而你周围的团队都太忙了，无法使用计划流程。于是你向你的同事提过几次，你认为用看板呈现工作流程很有效。但他们两年前就试过这种方法，听到"看板"这个词的时候，表现得很不高兴：它在这里根本不起作用。

你的第一反应可能是直面这个问题，但在开始新工作后，你其实需要一段时间来建立声誉。当然，你是因为经验丰富才被聘用的，所以他们会尊重你的判断，但你很难强迫他人相信你的个人经验而推翻他们的个人经验。

对此，我一直在尝试一些不同的东西。

样本。首先检验团队的健康状况和团队的吞吐量。对于前者，你也许可以使用简短的月度调查确定团队的健康状况。你可以做一些不影响大局的任务规模调整来确定团队的吞吐量，你也可以采取非正式方式，比如与团队中的高级工程师合作或是单打独斗。这两方面工作能使你在变革之前建立基线。

此后，你就可以开始使用看板了。不要宣传，不要大肆渲染，只要和你的团队一起做就行了。把它作为团队的一个简短的实验，然后开始尝试。不断迭代，直到你确信它是有效的。要有勇气坚持一段时日，如果一两个月后没有效果，也要有勇气停下来。最终，使用团队的健康状况指标和吞吐量指标来判断它是否有效。

记录。你发现一个有效的方法后，记录你要解决的问题、你所经历的学习过程，以及如果另一个团队采取同样的方法，具体该如何实施。记录要尽可能详细：制作一个规范的文件，甚至可以让其他团队的同事帮忙检查，从他们的角度来审视这份文件是否易读。

分享。通过一封简短的电子邮件分享你记录的方法，以及你在推行过程中获得的经验。不要要求每个人都采用这种方法，不要游说他人改变主意，只要介绍这种方法和你的经验即可。

你将花大部分时间来完善对你的团队有效的方法，花少量时间来记录你是如何做到的，但不要花时间去说服他人改用你的方法。奇怪的是，根据我的经验，这往往比自上而下的命令更容易被人接受。

好方法要慢慢来

在考虑"样本—记录—分享"法如何运作时，将其与自上而下的强制命令进行比较颇有意思。

强制命令认为：最好迅速采用一种足够优秀的方法。

- 团队有足够的带宽采用新方法。

- 组织有可用的资源来协调新方法的推行。

- 你想将这个问题的决策权集中在少数人手中。

- 一致性很重要，所有团队都需要以同样的方式处理这个问题。

- 迅速做出这种改变很重要。

而"样本—记录—分享"法则认为：好方法要慢慢来。

- 有些团队没有足够的带宽采用一种新方法。

- 组织可能没有资源来协调推行工作。

- 你想把这个问题的决策权下放。

- 团队有权采用适合自己的实践方法。

- 循序渐进地进行变革是可以的。

如果你的情况以及你的组织的价值观与第二份清单一致，那么"样本—记录—分享"法可能比强制命令更容易被组织成员接受。你可以在实践过程中慢慢见证它的威力，而不需要借助组织权威强制组织成员接受某种工具或流程。在这个过程中，你当然需要展现一些权威，但应基于你的同事对你的尊重。

我虽然见证过这种方法大放异彩，但也见证过它无疾而终。它是适用于某些情况的一种特殊工具，而且它确实有可能失败。失败的代价也许不大，最坏的情况不过是没人再采用它罢了，因为你并没有利用强制手段去强制组织成员使用它。尽管如此，你毕竟没有完成目标。尤其要注意的是，不要试图将这种方法作为一种规避组织权威的策略。与权威直接起冲突的操作通常不会有很好的结果。

设立集中决策小组，应对管理不一致

在小型组织中，个体很容易意识到其他人在做什么，并记住他们以前是如何处理类似问题的。这种集体智慧和记忆创造出的决策一致性深刻影响着决策的质量。**随着组织的发展壮大，决策不一致的情况会逐渐出现，这往往是小型组织的团队在发展成为更大的团队过程中最具挑战性的方面之一。**

有许多不同的方法来应对管理出现不一致的情况。我见过的一些解决方案包括冲刺、培训、跟踪、文件编制、代码优化、流程自动化（尤其是部署）和事件回顾正式化。然而，当问题变得非常严重时，人们最终会选择同一个工具：新设立一个集中决策小组。

我见过两种最常见的风格：一是产品审查小组，以使产品决策标准化；二是架构小组，以鼓励技术设计一致化。集中决策小组有数百种不同类型，它们出现在各种需要做出决策的场合。

其中一些小组具有权威性，成为严格的把关人；另一些小组则更多的是提供咨询，重点是引导人们保持一致。根据你的组织文化和你对一致性的重视程度，设计集中决策小组有无数种方法。设计一个有效的决策小组往往取决于少数几个核心决策。

积极自由和消极自由

在开始设计之前，我先简单介绍一下我的框架，我用它来推断什么时候应该设立一个新的集中决策小组。

这些小组通常会将属于更广泛的团体的权力集中到少数人手中。当你设立这些小组时，许多人都会觉得自己失去了很大的自由，因为他们的决策空间将受到新的限制。而许多人却不太容易发现设立集中决策小组能在很大程度上掌控局势。区别是什么？前一个群体主要由对自我授权感到满意的个体组成，而后一个群体的自我授权门槛通常更高。

这只是一个例子，说明当你考虑引入一个新的管理模式时，许多方面都会发生动态变化。

我发现思考这个问题最有用的框架涉及积极自由和消极自由。积极自由是指做某事的自由，例如，你有选择喜欢的编程语言的自由。消极自由是指避免事情发生在你身上的自由，例如，即使其他人非常喜欢另一种编程语言，你也不会因此被迫使用它。

如何在这两种自由之间转换呢？自由又从哪里转换而来呢？特别是在所有权极其分散的情况下，我相信谨慎的权威小组确实能增加个人的积极自由，而不会大大降低消极自由。这也是我设计新小组时的目标！

设立集中决策小组的 8 个影响因素

既然你已经决定设立一个集中决策小组，那是时候做出选择了！

影响力。你认为这个小组会对结果产生怎样的影响？他们会是一个做出有约束力决策的权威小组吗？你会依赖你选择的成员的自然权威吗？他们将主要通过倡导来推进工作吗？这些问题的答案以及小组中的特定人员，将成为小组影响与他们共事的人的积极自由和消极自由的主要因素。

接口。其他团队将如何与这个小组互动？其他团队的成员是否会提交票据、发送电子邮件、参加每周的审查会议？你是否会在工作启动前预审工作，或在这些团队配备了人员之前预览设计方案？根据这些团队施加的影响和你的公司的运行方式，你会想用不同的方法参与。

规模。这个小组应该有多大？如果人数是 6 人或更少，他们就有可能凝聚成一个真正的团队，这个团队的成员彼此熟悉，紧密合作，并对这个团队产生身份认同。如果这个团队的成员超过 10 人，你会发现他们很难进行良好的讨论，需要由组织出面将其拆分成多个子小组才能正常运转，比如，随着时间推移，让成员进行轮值，或是由一些成员组成工作小组专注于特定主题等。**小组规模越大，责任就越分散，你就越需要在小组内设置特定的角色**，例如，由一个成员负责对其他各成员的工作重心进行协调。

时间投入。成员应该花多少时间在小组工作上呢？小组中的工作将成为他们的首要任务，还是其他项目仍是他们工作的重心？更多的时间投入与更多的行动和决策相关。因此我认为，**在组织成员会直接受到决策后果影响的领域，你需要投入更多时间；而在反馈机制较薄弱的领域，你需要投入更少时间**。

身份。成员应该把他们在团队中的角色看作自己的主要身份吗？他们是否应该继续将现有团队成员的身份作为自己最主要的身份？你需要依靠一个小团队和投入大量时间来支持个体身份的转变。

选拔过程。你将如何挑选成员？我发现最好的方法是建立一个固定的选拔过程，在这个过程中，你需要明确小组成员的要求以及你认为有价值的技能，之后允许人们申请加入。这些小组的成员资格往往会成为组织地位的重要标志，因此选拔成员的固定流程显得尤为重要。

任期。成员任期多久？工作任务是永久性的，还是有固定期限的，比如说 6 个月？如果任期是固定的，这些人是否有资格参加以后的选拔，是否有届数限制？我尝试过将不同的方式组合在一起，我的感觉是，最好默认采用固定任期，同时允许现有的每个成员都拥有再次参选的资格，并且不限制届数。

代表权。这个小组将有多大的代表性？你会根据申请者的团队、任职期或资历明确地选择成员，还是会允许小组由条件相近的成员组成？对这一点的关注可以帮助你避免在架构审查中缺少前端和产品工程师，或是在产品审查中缺少基础设施视角。

可以预见的是，上述决定性因素中的每一个都会影响到其他因素的有效性，这可能会使设计你想要的小组变得相当棘手。有些形式需要特定类型的人员参与，你必须设计出能与可参与人员及其文化相适应的小组。

失败的 4 种表现

在发送关于设立一个新的集中决策小组的电子邮件之前，你有必要讨论一下通常会导致失败的小组的 4 种表现。这些小组往往要么独断专制，要么遭遇瓶颈，要么以地位为导向，要么无行动力。

- **独断专制的小组大大降低了个体的消极自由和积极自由，让成员不得安宁**。如果做决策的人与决策结果是分离的，那么集中决策小组变成独断专制的小组的情况就会很常见，例如架构小组中的成员往往不写代码。

- **遭遇瓶颈的小组往往非常愿意提供帮助,但它们试图做的总是比它们实际能够做到的要多。**这些小组会变得疲惫不堪,要么耗尽成员的精力,要么创建一个固定的积压列表来避免精疲力尽,这最终会严重拖累那些需要集中决策小组权威的人。

- **地位导向型小组的成员往往注重的是能够成为小组的一员,并不重视小组名义上的使命。**这类小组的价值观注重的是身份认可而不是工作贡献,导致人们试图加入该小组以获得地位,该小组最初的使命则渐渐模糊。

- **无行动力的小组什么都做不了。通常情况下,这些小组的成员没有凝聚为一体或太过忙碌。**从好的方面来看,这是迄今为止4种失败模式中最良性的一种,但这类小组将失去大量的机会。

在多次经历这些问题之后,我试图确保在每个集中决策小组安排一名管理者,让该管理者负责迭代格式以避免这些缺陷。

向高层领导汇报的 11 个技巧

雅虎 BOSS 项目的部分行动是由雅虎内部名为 Vespa 的搜索技术支持的。我们遇到了众多挑战,我决定说服我的团队迁移到企业级搜索应用服务器 Solr。我的上级领导让我为下一场团队会议准备一个汇报。到了会议那天,我开始汇报,刚播放了两张幻灯片,我就把事情搞砸了。

"不,不,不应该这样汇报。你这像是做学术报告。你得先从结论开始讲。"上级领导突然打断了我的演示，哀叹道。他停了下来，掸了掸靴子上的灰，提出了最后的建议："不要在图表中使用曲线。没有意义。"

我花了好几年的时间才从那次经历中吸取了教训，现在当我和一些刚开始着手向高管做汇报的人一起工作时，这件事就经常浮现在我的脑海中。**向高层领导做汇报有点儿像一门暗黑艺术，需要一段时间才能掌握，而且做得好的人也说不清楚他们是如何做到的。更糟糕的是，许多优秀的人依靠的是无法复制的优势：魅力、机智、专业知识的深度，或多年的经验。**

也就是说，之前目睹过我搞砸雅虎那场汇报的人一定不会想到如今我能参透其中的奥秘，所以说这是一种可以学习的技能。在此过程中，我总结了一些经验，希望能帮助你准备下一次的汇报。

- **采用公司特有的沟通方式**。每个公司都有不同的沟通方式和模式。成功的汇报者也许不能告诉你他们是如何成功的，但如果你对他们的做法进行观察并记录，就会发现一些共性的模式。观看别人如何向领导汇报，然后研究一下他们的方法。

- **先给出结论**。在书面交流中，人们常常习惯略读，直到感到无聊时停下来。要适应这种行为，就要从重要的事情开始讲起，而不是逐步铺垫。

- **阐述主题的重要性**。通常情况下，你对汇报的领域非常熟悉，工作的重要性对你来说显而易见。但对那些不经常涉足该领域的人来说，这一点就不那么明显了。因此，你应该先解释为什么你的工作对公司很重要。

- **讲故事**。阐述主题的另一个方式是讲述一个故事。描述事物的现状、你如何达成现状以及你努力的方向，应该用这样的一两句话讲述："去年，由于担心我们的可拓展性，我们在结束与几个重要客户的合作关系时遇到了困难。我们发现数据库制约了可拓展性，从那时起，我们的重点就转移到支持水平拓展的新分库模型上了。这一切进展顺利，我们预计将在第三季度完成这部分工作。"

- **做好偏离主题的准备**。许多会议论坛允许你按照计划进行汇报，但在高层领导面前做汇报时，情况则不可预测。因此，你既需要做好准备对汇报进行主导，也要准备好应对讨论因一系列意想不到的提问而偏离主题的情况。

- **直接回答**。高层领导往往对众多广泛的领域负有间接责任，并且经常深入各个领域去挖掘问题。"深入挖掘"的经验会让他们对有意回避的回答保持警惕，你肯定不想被逮个正着。与其隐藏问题，不如趁这个机会说明你将如何解决它们。

- **深入数据**。你应该对你的数据有足够深入的了解，你可以用它来回答意想不到的问题。这意味着你要花时间研究数据，最常见的方法是进行彻底的目标设定练习。

- **从原则中得出行动**。你的目标之一是提供一个你如何看待这个话题的心智模式，让与会者了解你是如何做出决策的。展示你已经深入数据是其中一方面，另一个方面是阐明你用来做决策的指导原则。

- **讨论细节**。一些高管通过深入细节来测试汇报者，试图捕捉汇报者不喜欢谈论的领域。你应该熟悉细节，例如项目状态，但我认为通常在太过深入谈论细节时最好重新为讨论内容设置框架。试着提出数据或原则，这往往是更有用的对话。

- **多准备，少练习**。如果你要向整个公司做汇报，花时间练习是值得的。但向领导层做汇报往往很快就会开始兜圈子，所以练习并没有多大作用。练习到你觉得舒服自如为止，倒不如好好准备，深入研究数据、细节和原则。因此，如果你对自己负责的领域很了解，并且花时间熟悉了这种形式，久而久之，你就会发现自己不需要为这些特定的内容做太多准备。你是否能够在没有充分准备的情况下有效地做汇报，将成为你是否充分了解自己职责范围的标志。

- **提出明确的要求**。如果你没有带着明确的目标与领导一起参加会议，那么你的会议要么毫无收效，要么进展不佳。因此，要在会议开始的时候明确设定你的目标！

要记住的东西太多了，所以我把这些想法整合成一个大致的模板。向高层领导做汇报的方法绝对不止一种，但希望下面这个模板是一个有用的开始。

我向高层领导做汇报时通常采用如下流程。

- **将主题与商业价值联系起来**。用一两句话来回答"为什么要有人关心"这个问题。

- **采用历史叙事法**。用 2～4 句话来帮助人们了解事情是如何发展的、我们是如何走到这一步的，以及下一步计划是什么。

- **明确询问**。你想从听众那里得到什么？用一两句话描述。

- **数据驱动的诊断**。按照战略诊断阶段的思路，此处主要通过数据来解释当前的限制和背景。尽量多提供原始数据，让人们能够跟得上你分析的节奏。如果你只负责分析，那么可能会让人们觉得你在强迫人们相信，而有所隐瞒。这部分内容应该用几个段落或最多一页的内容来呈现。

- **决策原则**。解释你做出判断所应用的原则，阐明你用来做决策的心智模式。

- **下一步是什么，何时完成**。将你的原则应用于诊断，以生成接下来的步骤。对于与会者来说，你如何根据原则和数据推演出行动，这个过程应该是清晰明了的。如果不是，那么你要么调整原则，要么调整行动。

- **回到明确的请求上**。最后一步是回到明确的请求上，确保你能得到需要的信息或指导。

图 2-8 展示了这个过程中的预期情况和我的实际经历。

一般来说，我使用这种模式做汇报都挺顺利。我认为你也会发现以它为标准是十分有帮助的。不过，我们提到的第一条规则仍然是正确的：采用公司特有的沟通方式。如果在你的公司里，这种形式不太适用，那就看看其他人是如何做汇报的。

有了一些可借鉴的例子后，你就能把那些讨论的内容逆向设计成一个可用的模板。

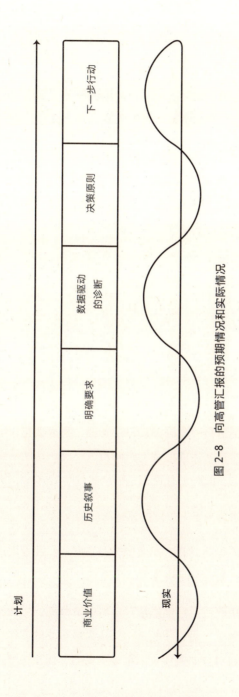

图 2-8   向高管汇报的预期情况和实际情况

时间管理，领导力的永恒元问题

当你和一名管理者坐下来喝咖啡时，你也许可以猜到他们心中最大的挑战：时间管理。时间管理并不是每个人都面临的最大挑战，但一旦一天中的危机退去，它就会冒出头来。

时间管理是领导力永恒的元问题。对于领导力的其他大多数方面，你可以向更有经验的管理者寻求帮助，并确信事情会变得更好；但在这一方面，资历最老的人似乎反而成了受影响最深的人。是的，他们面临的困难程度肯定更高。但令人担忧的是，很少有证据表明大多数人能确切把握自己的时间。

这意味着我们没办法改变了吗？当然不是。

我每天仍然很忙，但在完成工作方面已经改进了很多，不是因为速度变快了，而是因为解决问题的逻辑性变强了。对于管理时间，我做出的影响最大的改变包括以下几方面：

每季度就时间分配进行一次回顾。每个季度，我都会花几小时对过去三个月的日程表进行分类，从而弄清我的时间投入情况。这能帮助我对自己主导的主要项目进行反思，同时也有助于了解总体时间的分配情况。

然后我以此分析来调整下一季度的目标时间分配。

大多数人对是否值得花时间这样做持怀疑态度，但我发现这样做大有用处。以此为基石，我更加留意时间分配。

优先考虑长期成功而不是短期质量。随着职责范围的扩大，你负责的重要工作可能根本完成不了。更糟糕的是，你认为最重要的工作，比如高质量的一对一谈话，往往与对长期成功来说至关重要的工作相冲突，比如为一个关键角色招聘合适的人。归根结底，你必须优先考虑长期成功，即使短期内这样做对个人来说毫无回报，也应该这样做。这并不是说我喜欢这种方法，而是其他方法都不起作用。

完成能起到杠杆作用的哪怕是很小的事情。 如果你正在做的是能起到杠杆作用的工作，那么你完成的每一件事都应该为未来更多的工作创造带宽。完成任务也能带来回报。这些因素结合在一起，使大量快速完成的事情呈现一股逐渐增强的势头。

停下手头的事。 当你不堪重负时，一个效果惊人却未被充分利用的技巧就是停下手头的事情。如果你毫无条理地放下手头做的事情，结果将非常糟糕；但如果你通过周密安排再放下手头做的事情，则每次都能成功。找出一些你不会做的关键工作，将这些不再配备人员的工作重新归类为组织风险，然后提醒你的团队和管理链你不会去做这些事。还有一点是至关重要的：放弃一些事情是可以的，但不声不响地放弃它们是很糟糕的做法。

推算越级谈话时间。 这方面的一个很好的例子就是安排越级谈话。当你开始管理一个包含多个小组的团队时，比如这个团队有 20 个人，你可以指定一个越级谈话的频率，然后推算出你在某一周内要花多少小时进行越级谈话。假设你有 16 个间接下属，你想每个月与他们进行一次谈话，每次 30 分钟，那么最终你每周要花 2 小时进行越级谈话。

随着团队规模的扩大，越级谈话就不再有效了， 因为在这种情况下根本不存在合理的频率。如果你执意这样做，最终只会消耗大量的时间，令人难以忍受。因此，你应该先确定你能够用于该活动的小时数，也许是每周 2 小时，并在这个时间内尽可能多地进行越级谈话。这种方法使你能控制你的时间分配，并能随着团队成员人数的增加而扩充时间。

"在系统中"授权工作。 无论你"在系统中"的工作进行到了哪里，都

要设计一个路径，让其他人能够承担这项工作。这个计划可能需要一年的时间才能完成，那也没关系，但如果一年的时间已经过去你还没有开始，那就太不应该了。

信任你建立的系统。一旦你构建了一个系统，在某些时候你必须学会信任它。在这方面，最重要的事是把处理异常的责任移交出去。**许多管理者将处理异常的权力抓得太紧了，以致失去了系统的大部分优势。**处理异常很容易耗尽你的精力，把它委派给别人或者将它安排到系统工作之外，对于调整你的时间安排至关重要。

将参会权和生产力脱钩。随着你的资历越来越深，你会受邀参加更多会议，而其中许多会议都有重要人士出席。**参加这些会议可以让你认识到自己的能力水平，但你必须对参加会议是否一定代表你创造的价值多有正确的认识。**能够向你的团队传达重要背景的会议有时确实是超级有价值的，在这种情况下，你应该积极参加，但不要落入误把出席当作价值的陷阱。

聘用员工，直到你的业绩略高于增长。你能给自己的最好的时间管理礼物是聘用有能力的人，以免自己不堪重负。通过清晰的组织设计，你可以在角色空缺造成严重后果之前聘用他们。

日程表时间划分。将你的日程表上的时间块划分为更多小块，是时间管理的永恒诀窍：在一周内增加 3~4 个两小时的时间模块用来完成更需要集中精力的工作。图 2-9 展示了一名工程经理的日程表。这种方法算不上效果惊人，但在某种程度上确实有效，而且设置起来也很快。因此，我一直使用这种方法。

寻求行政支持。一旦你用尽了上述所有工具和方法仍然效果不佳，最后要考虑的就是获得行政支持。我曾经十分质疑行政支持的必要性，尤其在你的组织和投入达到一定的复杂程度之前，没必要寻求行政支持，但在某些时候，让其他人帮忙处理几十个小干扰将是一项显著的改进。

周一	周二	周三	周四	周五	周六	周日
准备					准备	准备
员工例会	面试	规划离场活动	事故审查	集中精力闯关		
	一对一谈话		一对一谈话	面试		
午餐	午餐	午餐	午餐	午餐		
职员总数规划	面试	面试	集中精力闯关	用户交谈		
	集中精力闯关	用户交谈		一对一谈话		
	一对一谈话	一对一谈话	面试			
	准备	一对一谈话	一对一越级谈话			

图 2-9 一名工程经理的日程表

当你更多地开始使用这些方法时，你不会立刻发现自己不再忙乱了，但你会发现自己逐渐完成了更多工作。

在一段较长的时期内，你可以通过优先完成任务来减轻工作负担，让自己不那么忙碌。如果你有创意，有进取心，如果你不落入认为忙碌就是有成效的陷阱，你就会找到一种方法来控制工作量。

建立学习共同体，让新老成员相互学习

我喜欢私下学习。我遇到过什么难题吗？当然！不过让我一个人待上几小时，我也许就能解决问题。如果你想让我在你的注视下解决这个问题，我甚至不知道该从哪里入手。部分原因是我性格内向，但总的来说，**在公开场合犯错会让我感觉很不适**。同很多人一样，我的大脑仍然会提醒我几十年前在公开场合犯下的错误，这些错误始终困扰着我。

在很长一段时间里，这种不适感使我没能发现在一个充满支持与鼓励的工作环境中最有价值的因素之一：与你的同伴建立一个学习共同体。这在一个团结一致的"第一团队"中尤其有效，而且，最近我花了更多的时间来推动建立一个更广泛的工程管理者的学习共同体。

当我刚开始成为这个小组的主导人时，我们专注于进行内容丰富的展示，每张幻灯片上都密密麻麻地写着重要的经验教训和基本细节。但这并不奏效，人们没有参与进来，出席率下降，学习并不是一天中最重要的事情。

从那时起，我们就对小组形式进行了迭代，并最终摸索出一种持续有效的方法。

图 2-10 展示了组织一场会议以强化学习共同体的流程。

学习共同体			
介绍	机会	讨论	重新分组
分享 你的名字、你所属的团队，一句话总结重点	许多学习都是自上而下的 我们可以从同事身上学到很多，将学习变成一种习惯，在共同体中学习	分为 4～5 人的小组 你今天学习了哪些方面？你从谁那里学到了东西？10 分钟内重新分组	各组总结

图 2-10　组织一场会议以强化学习共同体

- **成为一名主导人，而不是讲授者。** 人们更想从彼此身上学习，而不是从单一的讲授者身上学习。退后一步，提供便利。

- **做简短的展示，将更多时间用于讨论。** 花几分钟介绍内容，也许5分钟就行，然后进入讨论环节。**讨论尽量简短，这样一来，即使某个小组在某一主题上没有取得进展，也不会感到很尴尬。** 最佳讨论时长是10分钟。

- **进行小组讨论。** 给小组成员一定的时间，让他们在小组中展开讨论，可以让他们在一个安全的小地方学习一些关于这个话题的知识。而且，**在这个过程中，每个人都有参与讨论的机会，这比听别人讲上一小时要有趣得多。**

- **把学到的东西带回整个团队。** 讨论结束后，给每个小组一个机会，把他们的讨论结果带回整个团队，让各组成员相互交流他们的学习成果。

- **选择人们关心的话题。** 一个成功的话题往往是经过思考的话题，因为这些理念通常是小组成员日常工作的核心。在理想情况下，这个话题是他们会做而又想做得更好的事情，比如一对一谈话、指导带教或职业发展。**如果人们发现，刚刚学到的内容与他们以前的经验相差太远，就很难展开讨论。** 这会创造一种环境：学习内容只来自主导人的经历，不能引发小组成员的共鸣。

- **鼓励有经验的人参加。** 对许多学习共同体来说，你会发现最资深的人或履职最久的人往往不愿意参加，而是专注于其他工作。这很让人遗憾，因为他们有很多东西可以教给新来的人，而且他们也能获得一个向新成员学习和了解的机会。

- **提供可选的预读清单。** 有些人不喜欢在公开场合听别人谈论一个新的话题，对这些人来说，提供一个可选的预读清单可以帮助他们为讨论做准备。我发现大多数人都不读这些书，令人惊讶的是，我在主持论文阅读小组时也发现了这一点。但对一些人来说，这些书非常有帮助。

● **做自我介绍。**根据小组的规模，一开始就了解彼此，让每个人做一个 20～30 秒的自我介绍，可能效果良好。我们最近使用的自我介绍格式是：你的名字、所属团队，以及用一句话介绍你的想法。这在成员快速增加的学习共同体中特别有用，因为自我介绍使人们更容易认识彼此。

我最喜欢这种形式，因为它给了人们真正想要的东西，花时间互相学习，而且对主导人来说，准备起来也非常快。我不是一个经验丰富的主导人，我发现这种形式为我成长为一名有经验的主导人提供了一个有益且安全的机会。

如果你的公司还没有建立学习共同体，那就试着建立吧。我发现这是我有机会从事的最简单、最有价值的事情之一。

管理方法的一致性

有约束，才有自由

03

AN

ELEGANT

PUZZLE

作为寻求自我成长的管理者，我们真
正应该追求的是职责范围的扩大。

玩大多数拼图玩具时，你知道一定能拼成某个图案。玩大多数游戏时，你知道它们需遵循游戏规则。**但对工程经理来说，挑战来自上百个小决策，没有什么规律可循，也没人能保证成功。**最糟糕的是，许多挑战都困难重重，下面几步该怎么走，本来就没什么选择，选择其中任何一个似乎都会带来问题。本章介绍了几个这样的难题，包括处理策略异常、推迟来自管理链的要求，以及在过渡时期进行自我调节。管理是一个关乎道德的职业，我们的决定很重要，尤其是那些困难的决定。

一致性和变化并不相斥

我曾与一位同事共事，他的工作理念是"如果你不开口要，你就永远得不到"，这最终演变为他在工作中遇到问题会逐级上报到管理层，要求获得特殊待遇。这种理念与我对一个运转良好的组织应该如何工作的直觉相去甚远，而且与我的理念产生了冲突。我的理念是，**一致性是公平的先决条件。**

图 3-1 展示了平衡性良好的组织和平衡性不佳的组织示意图。

从那时起，我开始相信，容忍频繁例外的环境不仅容易产生偏见，而且效率也很低下。即使在最好的情况下，保持组织的一致也很有挑战性，而例外情况破坏了组织最强大的纠偏机制之一：一致性。

相反，组织通过适应其所处的动态环境而生存。一个固执地坚持既定惯例的公司，是一个在通往失败的道路上徘徊的公司，墨守成规必将导致公司的失败。

那么，如何调和一致性和变化呢？正如大多数看似对立的目标一样，我花越多的时间研究它们，越会发现它们并不相互排斥。最终，一种统一的方法出现了，我称之为"执行策略，而非处理例外情况"。

好的策略都有明确的约束条件

你制定的每一项策略都要通过确定目标以及使行动与目标相一致等限制条件来确立。我们可以用一个简单的例子来说明。

我最近在研究的一个最有趣的策略是，在一个拥有众多远程员工且办公室分布在各地的公司中，针对哪个员工该加入哪些团队进行设计。下面是我们最重要的目标。

- 让每个办公室都成为一线办公室，没有二线办公室。

- 一线办公室必须拥有多个关键项目，其工作不应该受到其他办公室是否提供支持的限制。此外，必须有许多人亲自到场，紧密合作。

- 确保远程工程师仍然是公司的一个得到良好支持的重要群体。

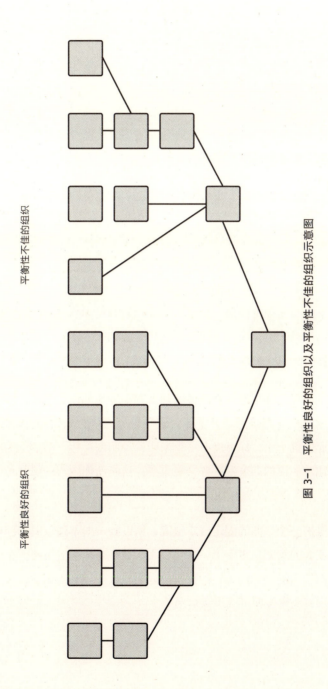

图 3-1   平衡性良好的组织以及平衡性不佳的组织示意图

一旦我们就目标达成一致，下一步就是编写一些限制条件，以便将允许的行动范围缩小到那些支持我们目标的行动。在这种情况下，限制条件可以简化为以下几个方面：

- 团队成员最多只能在一个办公室工作。我说"最多"是因为有些团队完全由远程工程师组成。

- 一个办公室的员工必须是在该办公室的团队的成员。

- 远程雇员可以是任何团队的成员。

- 通勤时间不超过 60 分钟的员工必须来办公室办公。

这些都是限制条件很恰当的例子，因为它们对允许的行为进行了明确的约束。你可以想象一下，一些不那么教条的限制条件，比如"办公室里的人应该更喜欢在团队办公室里工作"，它对行为的约束作用不大。

如果你发现自己编写的限制条件实际上并不能限制你的选择，那么有效的做法就是检查一下你是否绕开了能对选择进行约束的未明确说明的目标。 例如，在上面的例子中，你可能有一个未明确说明的目标，即员工追求自己喜欢的工作比在一流的办公室中办公更重要，这将使你编写的限制条件的约束性变弱。

制定和维护一个策略的固定成本很高，所以我一般不建议编写那些对约束行为作用不大的策略。 事实上，这也定义了什么是糟糕的策略。在这种情况下，我反而偏向提供无约束性的建议。因为建议不具有强制性，所以不需要逐级上报来解决模棱两可或边缘情况。

不要让例外债务成为策略执行路上的绊脚石

一旦你使用限制条件对你的目标提供支持，你要做的就是坚持使用这些限制条件。这说起来很容易，但始终坚持这么做却需要勇气。即使是出于好意，我也经常在支持自己提出的策略时误入歧途。

保持策略一致性尤其具有挑战性，其原因主要表现在以下两个方面：

- **接受减少的机会空间。**好的限制条件会做出权衡与取舍，有意缩小你的机会空间。在这个空间里，你会遇到一些绝佳的机会，当面对实实在在的结果时，这些机会未必真的是绝佳的机会。

- **局部情况不理想。**满足全局限制不可避免地会导致局部的低效率，有时会迫使一些团队处理极具挑战的情况，以支持一个更具全局性的目标，而他们从中获得的好处却很少。要求人们接受这种做法是很难的，愿意成为这些局部低效率的团队的一员也很难，最难的是团队成员明知接受你的安排后每个人都需要付出一定代价，还能坚持执行你的决策。

当经过慎重思考后选择的限制条件能够帮助我们完成重要目标时，我们还需要有勇气放弃完成这些重要目标的机会，接受局部的低效率。如果我们没有这种勇气或无法坚持下去，就会投入大量成本却收效甚微。

策略的成功直接取决于我们如何处理例外请求。**准许例外的存在会破坏人们的公平感，并为一个不利于未来的策略开启先例。**在例外变得常态化的环境中，领导者经常会发现，针对他们自己制定的策略发布"例外令"，开始占用自己的大量时间。在例外情况上花费大量时间的组织正在经历例外债务。其解决办法是，停止处理例外情况，将精力花在执行策略上。

重新确定的约束条件，应对逐级上报问题

一旦投入了很多时间来起草策略，你就必须避免例外情况破坏你的工作，削弱你的权威。也就是说，你不能简单忽略逐级上报和例外请求，它们往往意味着你制订的策略与你面对的实际情况并不一致。你要做的应该是收集每项升级上报的内容作为测试用例，并重新考虑你的限制条件。

一旦收集了足够多需要逐级上报的情况，你就可以开始重新审视你在原始策略中设定的约束条件，将它们与在应用策略时遇到的挑战相结合，或者再次确认现有约束条件，抑或生成一系列新的约束条件，从而更有效地处理逐级上报的情况。

这种方法的作用是巨大的，因为它为那些对当前策略中的小缺陷感到沮丧的人创造了一个释压阀——他们仍然欢迎逐级上报，同时也确保每个人都在一个一致、公平的环境中开展工作；逐级上报将只被用作更新策略的输入信息，而不是问题解决后就被彻底遗忘的一次性信息。该方法还将策略制订作为领导层的杠杆操作，避免了处理例外情况的繁重工作。

当你推出一项新策略时，同时宣布其未来的更新时间是非常有益的，这可以确保你在尝试修订策略之前能有时间充分评估你的新策略。人们对优秀且有效的策略进行修改是很常见的，因为令人担忧的状况经常在策略的效果还未显现时就出现了。在变化率足够高的情况下，人们无法区分策略与例外。

下一次当你要着手解决一个复杂的一次性问题时，考虑后退一步，将问题记录下来，而不是尝试解决它。承诺在一个月内更新策略，并在此前分批处理所有例外情况请求。将需要逐级上报的问题和你目前的策略合并成一个新的修订方案。这将为你节省时间，帮助团队建立对系统的信任，并使你从处理例外情况转向实施策略。

学会对上级领导说"不"

几年前，我和我的上司以及首席技术官坐在一个房间里，讨论该如何化解一场危机。我的团队中的一位工程师错误地处理了两个警报，这可能是公司迄今为止经历的最严重的生产事故。导致事故发生有三个根本原因：警报疲劳，对于磁盘空间不足、警报发出到磁盘空间用尽需要多长时间这一背景缺乏了解，以及依赖集中式数据库，几乎不支持纵向扩展。不过，在那一刻，我们讨论的已经不是事故发生的根本原因，而是是否要解雇值班的工程师。我的回答是"不"。

在我职业生涯的那个时期，我认为管理本质上是一种关系道德的职业。我们有机会为周围的人创造一个公平的环境，让他们施展才华。 对我来说，这既是一个机会，也是管理者的义务。

对上级领导和首席技术官说"不"，在某种程度上代表着我决定坚持正确的立场。然而，即使在一切进展很顺利的情况下，你也会经常使用这个词。这声"不"是对你领导的团队可能出现的情况的一种表达。我认为因为失误而解雇值班员工的决定是错误的，也认为这样的先例将会无可挽回地打击团队的士气，因为在 12 小时的轮值结束前，他们的手机电池就已经耗尽了。

这声"不"是在向团队以外的人解释你的团队受到的限制，它是你作为一个工程领导所应承担的最重要责任之一。

令人信服地说"不"

能有效地用"不"来沟通的人既不是态度最强硬的发言者，也并不是经常使用"不"这个词。他们只是能够令人信服地解释他们的团队受到的限制，并清楚地说明为什么领导层提议的计划要么是无法实现的，要么是不可取的。

阐明你受到的限制取决于手头问题的具体细节时，我发现有两个话题经常出现分歧。一个是速度：为什么本应该几小时就能解决的问题，却花了这么长时间？另一个是优先次序：为什么你不能先处理另一个更重要的项目？

我们探讨一下如何建设性地进行这两方面对话。

与"做"相比，"完成"尤为重要

当人们希望你投入的工作量超出了你的能力时，你应做的是给出一个令人信服的解释，说明你的团队是如何完成工作的。与"做"相比，"完成"尤其重要，因为只完成一部分的工作没有什么价值，而你的团队遭遇的决定性限制往往发生在完成阶段。我发现，说明团队交付过程的最有效方法是建立一个看板，描述工作会经历的环节，并记录每个环节的负责人。虽然我认为它对调试团队的绩效非常有效，但如果你有更好的工具，那就不必使用看板。使用看板时，你只需在看板上填入一次信息，就可以从上面看到当前工作的限制因素。

使用这个看板，你就能解释当前执行过程中的限制因素是什么，并帮助你的团队缩小改进建议的范围，找出那些真正有帮助的建议。如果你不提供这个框架，人们往往会针对你的流程的各个方面提出建议。这些建议很有可能无法降低工作量，这还算好的情况，在最坏的情况下，它们反而会无意中增加负荷。

你希望你的团队专注于核心限制因素，即拖累你的吞吐量的单个低效率因素。一旦你将对话聚焦于你的核心限制因素上，下一步就是解释是什么阻碍了你解决这个问题。

在许多技术公司，限制因素被归结为技术债务或团队不堪重负。然而，**技术债务和不堪重负这两个"幽灵"常被当作推卸责任的借口**，所以只说出这两点往往不能令人信服。

你必须将问题转化为类似于数据的东西。如果你遵循的是始终如一的项目管理方法，那么呈现数据就很容易，就像解释如何确定每个冲刺的故事点数量，以及这个数量如何随着时间的推移产生变化一样容易。如果你觉得很难呈现数据，我认为你可以使用抽样调查的方法：在一周内，检查你的团队在一天中随机的几个时刻都在做什么，并借调查结果来大致描述团队的时间都花在了哪些地方。

如果你能够对限制因素以及时间花在了哪些地方进行解释，就可以与领导者进行一场有用的对话，即你是否可以将用于处理其他工作的时间花在处理你的限制因素上。接下来进入最终阶段，围绕增加容量进行讨论。

有两种方法可以增加容量：将现有的资源转移到团队中，但不要将资源用于处理团队成员目前正在做的事情；创造新的资源，通常是通过招聘新人来完成。这两种方法都不是万能的，在《反对自上而下的全局优化的案例》（*A Case Against Top-Down Global Optimization*）和《超增长时代的生产力》（*Productivity in the Age of Hypergrowth*）中分别进行了探讨。

综上所述，讨论速度最好是确定一个基于现实的方法，从而对你的核心限制因素提供支持。其次是大家都认可你已经根据自己的限制因素进行了适当的分配，并将谈话转到工作的优先级上。

调整工作的优先级

尽管将关于速度的讨论转向关于工作优先级的讨论是一个很好的结果，

但令人信服地描述你的工作的优先级可能是一项既困难又令人生畏的任务。
我建议把它分成三个独立的步骤：记录所有传入的请求；制订如何选择工作的指导原则；分享你根据这些指导原则选择的任务子集。记录传入请求有望与审核团队的票据一样简单，但没有将一些最重要的请求记录下来是很常见的。我发现有效的做法是，将现有的计划（通常是季度／年度计划）和你的票据融合在一起，形成一个列表，然后针对最重要的利益相关者进行测试。不断询问那些在日常工作中依赖你的团队的人："这看起来像是正确的请求清单吗？"结果你将会获得一个相当精准的计划。

自此，你必须挑选你将用于选择任务的指导原则。具体如何选择取决于你的团队和你的公司——基础架构团队选择的指导原则与产品团队不同，但这些指导原则很可能以公司的顶层计划为基础，并与团队的任务存在交集。最有争议的指导原则往往是关于当前工作与未来工作价值的描述，例如，今天的投资项目将在两年内得到回报，但短期内价值有限。我发现，对于这种特殊情况，有用的技巧是为当前工作和长期工作指定配额。

接下来是与你的团队坐下来，将你的指导原则应用到传入的请求中，然后找到要优先处理的任务子集。你会不断收到更多工作请求，所以这个过程必须足够轻量，以便你可以定期重来一次。

当利益相关者不认可你的工作的优先级时，你应该与他们展开讨论，了解他们的要求，并与他们坐下来，检验这些要求是否与你的指导原则和你当前的优先工作存在冲突。如果他们的要求比你目前的工作更重要，你就要在下一次计划会议上调整工作的优先级。为了防止优先级转变造成混乱，最好等到下一次计划会议时进行调整，而不是立即进行更改。这意味着你至少需要每月更新一次计划。

增强与利益相关者的合作

如果你已经花了很多时间来解释你的速度和工作的优先级，但你的观点仍然没有引起共鸣，那么你很可能需要解决关系问题。在这种情况下，下一步不是投入更多精力解释你的限制因素，而是在如何与你的利益相关者合作方面下功夫。

对管理者进行管理

对我来说，从事管理的最初几年可谓忙乱、疯狂。我遇到的每一种情况都是全新的，从头到尾我都在摸索着做出每一个决策。随着时间的推移，我逐渐形成了一些经验法则和指导方针，但只有对管理者进行管理的经验才真正完善了我的管理思想。

当我开始从事管理时，我的领导力哲学很简单：

- 黄金法则是很有意义的。

- 给每个人一个明确由他们负责的所有权领域。

- 奖励和地位应该取决于是否完成高质量的工作。

- 以身作则，绝不要求任何人做不愿意做的事情。

这些为我开展管理工作打下了良好的基础，但随着时间的推移和在环境中的反复应用，我也看到它们在边缘情况下陷入的失败。在不断学习的过程中，我开始在此基础上加入一些额外的想法，试图找到统一的管理理论。

管理是关乎道德的职业，你的一举一动影响深远

我认为，管理从本质上讲是一种关乎道德的职业。想看清自己管理得如何，我们不看镜子，而是要看我们如何对待团队中没有成功的成员，看我们的薪酬理念，看我们如何为候选人制订岗位标准、提拔谁、如何分配加薪名额、如何提供成长机会、如何处理带薪休假要求、如何分配工作时间。

我们对与我们一起工作的人，尤其是"为"我们工作的人有如此巨大的影响，而对这种影响负责是良好管理的基础。

这并不总是意味着你要成为团队成员的好朋友。有时，这意味着要求你做出个人牺牲，让团队中受欢迎的成员离开，或取消团队所期待的项目。你要记住，你的一举一动牵涉面很广，你的所作所为会对你周围的人产生深远的影响。

牢固的关系大于一切

我相信，几乎所有内部问题都可以追溯到一段缺失或糟糕的关系。而有了良好的关系，我们就有可能走到一起，解决绝大部分问题。

技术上的分歧会成为每个人的学习机会。挫折反而成为一种共同的经历，为团队提供凝聚力。

即使你与团队成员之间有很好的关系，真正的挑战也仍然存在。你的加薪预算有限，不可能让每个人都满意。如果你的客户不喜欢你的产品，友情可不能用来支付薪水。有些技术问题确实很新，没有显而易见的解决方案，

即使有明确的解决方案，成本又过高。即便如此，我仍试着从关系的角度着手调试问题，我发现这个技巧非常有效。

人重于流程

几年前，与我一起工作的一位领导告诉我："用对了人，任何流程都能发挥作用；而用错了人，任何流程都将无效。"

我发现此言非虚。

流程是一种便于协作的工具，团队喜欢的流程通常是正确的流程。如果你的流程在某种程度上失败了，那么在开始寻找一个新流程来替代它之前，有必要深入研究一下它为何失败。

当你开始专注于这个问题的时候——这也许就是你的问题，诚实地问问自己，是否有其他方法可以解决这个问题，或者你只不过是在做无用功而已。我的经验是，寻找一个替代流程可能并不是你想要的解决方案。

拒绝拖延和逃避，现在就解决最困难的部分

在工程主管这份工作中，我们经常被要求处理困难的情况。我发现，**没有一套规则可以指导你顺利应对每一种状况，但拖延从来都不是最好的解决方案。**

与其逃避最困难的部分，不如加倍努力。

如果你和你的上级领导或团队成员关系不好，那就花更多的时间和他们

待在一起。每天和他们见面，或者同他们一起进餐。如果两名工程师在一起工作时总会发生矛盾，那么在把他们分到不同的团队之前，你可以让他们花更多时间相处，试着理解彼此的观点。当然也有一些明显的例外，但如果两个人真的无法共事，有没有其他事情是你一直在逃避处理的？

作为一名领导者，你不能逃避问题，而是要与它们正面交锋。

你的公司，你的团队，你自己

最近，我得到了一个指导决策的咒语：为公司做正确的事，为团队做正确的事，为你自己做正确的事，并按这个顺序依次进行。从某些层面来说，这是显而易见的，但我发现它还能有效地辅助思考。

首先，**你的所有想法都应该从公司的角度出发，你应该确保你所做的事不会给公司或其他团队带来负面的外部影响**。例如，你对在项目中使用一种新的编程语言跃跃欲试，但必须考虑这样做给公司其他部门增加的额外维护成本。

其次，**确保你的选择是代表你的团队做出的，而不是代表你自己**。这可能意味着要推迟完成计划，甚至迫使你的团队踏上"死亡之路"，即使与你的上级或你的产品伙伴进行这种对话是不舒服的。

最后是你自己，但我确实认为你应该把自己放在最后，这也提醒你要"犒劳自己"。职业倦怠是我们这个行业的普遍现象，一个职业倦怠的管理者经常会将情绪宣泄给团队。尽可能多地给予，并划清界限，公私分明。

学会独立思考，好的管理哲学绝非一成不变

很多我们认为理所当然的事都是机械照搬，而不是有意为之。在管理生涯的早期，你必须弄清楚如何应对常见的挑战：面试、绩效管理、升职、加薪。跟着周围的人走是完全可以的——向同行学习是成功的关键。然而，同样重要的是，你要诚实地告诉自己哪些实践是真正的最佳实践，哪些是你完全照搬的。

近年来，面试官将编程纳入面试环节就是一个很好的例子。大多数招聘经理，当然包括我自己在内，都认为这种方法效果一般，但随着时间的推移，我们很快就不这么认为了。你不能一次解决所有问题，所以你经常会在给定的时间里做一些平庸的事情，但记住，当你可以改进时，回来改进它，例如偿还管理债务。

此外，最好的管理哲学从来不会静止不动，而是应该按照黑格尔辩证法的模式，在与现实接触的过程中不断演变。最糟糕的管理理论是根本没有管理理论，第二糟糕的管理理论是一成不变的管理理论。

管理生长板，让成长持续发生

在 Digg 的最后一年，我们都在埋头苦干，试图在用户数量下降和现金储备蒸发的情况下找到一条出路。当 Digg 被 SocialCode 收购时，我马上进入了执行模式，但随即就与其他人发生了冲突。在过去的两年里，关于领导力——"执行，执行，还是执行"，我所学到的东西引起了混乱，而我却不知道为什么会这样。我经常看到与我认知相反的情况发生：来自成熟公司的经验丰富的成功管理者一头扎进一家初创公司，之后很快就退出了，留下了一

大堆毫无效用的计划。

最令人困惑的地方是那些中等规模、快速增长的公司。这是因为那些公司的部分业务增长迅速，强调执行力，而另一部分已经基本稳定下来，创意成为更有价值的"通货"。长长的骨头末端有生长板，这是生长发生的地方，而骨头中段是不生长的。对于快速发展的公司来说，这是一个相当贴切的比喻，也是一个有用的心智模式，帮助你理解为什么你的行为在一个新角色中可能不会引发共鸣。

执行才是生长板的"国际货币"

在一个小型初创公司或在一个快速增长的公司的生长板中，你的大部分时间都用于处理新问题。这些新问题不一定是新的（大多数问题都是人的问题），但你所在的公司由于从来没有足够的时间优先考虑这些问题，因此一直无法获得可用的解决方案。这意味着，你不能指望通过迭代现状来取得成功。

你可能以为在这些情况下，新奇的想法会被高度重视，但有趣的是，情况恰恰相反：**执行才是生长板的"国际货币"。这是因为你通常有很多明确的想法可以尝试，而评估这些想法的带宽是有限的。**

来自生长板之外的好心人通常会跳出来提出更多想法，但这会适得其反。生长板中的人需要的是帮助减少和执行积压的现有想法，而不是增加更多需要评估的想法。在这种情况下，团队缺少执行所需的具体资源，而提供这些资源是帮助他们的唯一途径。提出更多想法似乎是在帮忙，但其实不然。

此外，我认为重要的是要认识到在生长板中，你需要集中力量撑到下一轮，你面临的可能是一个不同类型的成长挑战，也可能是要维系团队的稳定。在这种情况下，要始终如一地做好基本工作是非常困难的，因为你根本没有足够的时间做好这些工作。在时间允许的情况下，你必须适应自己的工作，有时这将导致你在自己热爱的事情上表现平平。就我个人而言，令人尴尬且遗憾的是，我转去处理与系统相关的工作，这削弱了我在人员管理等许多方面的能力。

在远离生长板的地方，做好基础工作

在远离生长板的部分，你主要是用已知的解决方案处理问题。已知的解决方案易于迭代改进，因此高度重视执行是有意义的，但我发现在实践中，组织最重视的是想法，尤其是公司内的新想法。

所有低速增长环境都曾是高速增长环境，这意味着它们曾经由一个得力的执行者在管理，只是后来渐渐演变成一个慢增长环境。因此，可能出现的迭代改进比你预期的要少。我们通常让行事稳健的执行者负责增长较慢的领域，因为我们认为增长最快的领域需要创新者，但采用相反的做法往往更有效。

远离生长板的环境管理者需要把基础工作做得非常好。你要花时间建立丰富的关系，将你的团队成员凝聚在一起，和他们一起工作，促进职业发展。这样，当创新或外部变化迫使你超越局部极限时，你和团队已经准备好了，也休整好了。

价值观要与当前环境保持一致

我还想提及的要点十分简单：把你的价值观从一个环境带入另一个环境时要深思熟虑。领导力是将适当的行动与你当前的环境相匹配，相同的行为鲜少能令两种情况都大为受益。如果你第一次在生长板中工作，或者在远离生长板的部分工作，请把它当作一个全新的角色。因为它就是！

所有级别的管理者都会陷入困境

当我还是一名新手管理者，我发现每个绩效考核季开始时，也是重读卡米尔·福涅尔（Camille Fournier）的《个体贡献者如何陷入困境》（*How Do Individual contributor Get Stuck*）的绝佳时机。随着时间的推移，我想要总结一个以工程经理为中心的版本，最终这个愿望汇集成了下面的内容。

我按照福涅尔的惯常做法，思考了工程经理的对应特征。管理者的工作以更加间接的方式发挥作用，所以当人们陷入困境时，他们并不总是能很清晰地意识到自己已经陷入困境。但我们绝对会陷入困境，无论是在个人项目还是在我们的职业生涯中。

下面是这种情况会出现的几种原因。对新手经理来说，这种情况通常发生在头两年。

- **只向下管理**。这往往表现为建立的东西是你的团队想要的，而公司和客户却不感兴趣。

- **只向上管理**。赛珍珠（Pearl S. Buck）在《大地》（*The Good Earth*）中写道："所有的力量都来自地球。"在管理方面，力量则来自一个健康的团队。有些经理太注重服从上级的意愿，以至于对团队视而不见。

- **永远不向上管理**。你的团队的成功和获得的认可在很大程度上取

决于你与管理链的关系。优秀的工作被忽视是很常见的，因为你
从未将它分享给上层。

- **只注重局部优化。**选择公司不支持的技术，或者开发一个会引发
  你与其他团队竞争的产品。

- **认为招聘新人永远不能解决任何问题。**当你落后的时候，你可能
  会把所有的时间花在救火上，忽视了招聘新人，但如果你的业务
  增长很快，那么最终你要么选择招聘新人，要么只能将精力耗尽。

- **不花时间建立关系。**团队的影响力在很大程度上取决于是否做出
  了一些其他团队或客户想要的东西，并顺利交付。如果公司内部
  没有一个相互支持的社交网络，这将非常难以实现。

- **把本职角色定义得太狭隘。**得力的管理者往往会成为团队的黏合
  剂，填补空缺。有时候，这意味着为了树立一个好榜样，你得做
  一些你不想做的事情。

- **忘记你的上级也是人。**当你的上级把你置于不利的情况下，忘记
  告诉你一些重要的事情，或是在没有通知你的情况下让你的团队
  完成一些事情时，你很容易对他们感到恼怒，但他们这样做可能
  是出于好意。要和你的上级保持良好的关系，你必须给他们犯错
  的空间。

一些更有经验的经理陷入困境，可能有以下原因：

- **用之前公司的经验做事。**当你开始做一份新工作或扮演新角色
  时，在你开始"解决"一切问题之前，停下来倾听并培养团队意
  识是很重要的。否则，你修复的可能是不存在的问题，而且使用

的修复工具也不合适。

- **花太多时间建立关系。**这种情况在从大公司跳槽到小公司的经理中尤为常见，这会让人觉得经理没有做出任何有价值的贡献。这往往是因为规模较小的公司期望经理能将更多实践花在工作执行上而不是关系管埋上。

- **认为招聘更多的新人可以解决所有的问题。**招聘一些优秀的人加入团队可以解决很多问题，但是加入太多的人反而会稀释你的文化，还会导致团队成员的角色和责任不明确。

- **逃避而不是授权。**授权很重要，但有些经理很容易做得太过火，要求他人来承担一些关键责任，自己却选择忽视责任，结果导致一场本来很容易避免的灾难发生。

- **与现实脱节。**特别是在大公司，人们会经常做出看似与现实完全脱节的决策。

所有经理，不论经验和级别如何，其陷入困境可能会出于以下原因：

- **把团队规模错当成影响力。**管理一个更大的团队不是一份更好的工作，而是一份不同的工作。它也不会让你变得更重要或让你更快乐。**人们很难摆脱对团队规模的固有观念，但如果你能做到，你的职业生涯将会变得更好。**

- **把头衔错当成影响力。**头衔是一种主观的社交结构，只有将它们赋予某些人，它们才有意义。**头衔在不同公司中不具备通用性，而且用头衔来评价自己或他人是很狭隘的做法。**不要将获得头衔作为你的目标。

- **混淆权威和真理。** 权威可以让你用无力的论据和糟糕的理由逃脱惩罚，但这是一种与人共事时代价昂贵的方式，因为"用权威说话"的人最终会令其他人放弃自己的思想，只是机械地服从命令——如果他们的薪酬状况或生活状况复杂，他们会这样做；否则，他们就会离职。

- **对团队没有足够的信任，不给他们授权。** 如果你没有给你的团队成员足够的空间按照不同于你的方式做事，你就无法扩大影响力，也无法让他们参与进来。**许多组织在获得批准方面遇到瓶颈，这无疑是对员工缺乏信任的表现。**

- **让别人管理自己的时间。** 大多数经理要处理的工作量远远超出了他们能够完成的工作量。这可能是你职业生涯中的现状，**重要的是把时间花在重要的事情上，而不是简单地看到日程表上有什么就处理什么。**

- **只看到问题。** 人们很容易只看到出错的地方，而忘记为美好的事物欢庆。若继续如此，前方将只有沮丧和疯狂。

　　我敢肯定，经理们还会在很多方面陷入困境，但以上这些是我能最先想到的。

与你的上级建立伙伴关系

　　在我的第一份软件工作中，两年内我与上司进行了两次一对一的谈话，其中包括第一年我在三个时区之外远程办公时。在这种情况下，**你要么成为自我管理的人，要么因为不作为而被解雇。** 不知为何，我却找到了可以做的事情。我想增加一些有用的东西，但据我所知，我的团队开发的软件被单方面淘汰了，所以很难证明我做的是对的。

这次经验并没有使我获得与上司建立良好伙伴关系的能力。我离开时并没有形成关于管理层工作的心智模式，更不用说了解如何与他们合作了。对我来说，找到一种更健康的方法是一条艰难的道路。如果你也面临类似的困境，希望下面这些想法会对你有所帮助。

要想与你的上级成功合作，你需要做下面这些事：

● 你需要他们了解你的一些情况。

● 你需要了解他们的一些情况。

● 你们应该偶尔更新对彼此的了解。

下面是你应该让你的上级了解的关于你的情况：

● 你试图解决哪些问题？你是如何试图解决每一个问题的？

● 你的工作正在取得进展。（特别是告诉上级你没有陷入困境。）

● 你喜欢从事什么工作？（这样他们就能为你配备合适的工作人员。）

● 你有多忙？（这样他们就能知道你能否抓住到来的某个机会。）

● 你的职业目标和发展领域是什么？你在哪方面处于感到厌倦和感到挑战之间？

● 你认为自己是如何被衡量的？（评分标准、公司价值观、一些关键绩效指标等。）

有些上级比其他人更容易获得上述信息，成功合作取决于能否找到适合他们的沟通机制。

我发现下面这些方法效果不错。

- 维护一份包含这些信息的文件，不断更新其中的内容并与你的上级分享。对于一些上级来说，这就足够了。你的任务完成了。

- 在一对一谈话中向上级传递这些信息，重点关注信息缺口（你在某个增长领域没有看到支持，你太忙了或者不够忙，等等）。合作成功可以填补信息缺口，而不是默念咒语。

- 在某个固定的时间点，也许是每个季度，写一份涵盖上述有关你的情况的自我反省（我一直在尝试一种"职业生涯叙事"模式，内容基本上就是一摞季度自我反省）。与你的上级分享，也可以与你的同事分享。

有一些上级看似对你漠不关心，但他们其实是关心你的，只是由于压力太大而无法与你进行有效的沟通。这就引出了向上管理中的一个关键问题：了解你上司的一些情况和他们的需求。

下面这些事情你最好了解。

- **他们目前的工作优先级是什么？** 尤其是他们的问题和关键举措是什么。当我被问到这个问题时，我往往不能直接回答，因为我所关注的是与人有关的问题。如果你的上司从不回答这个问题，这就是一个警告信号——要么是因为他们不知道，要么是因为他们总是在处理人员的问题。

- **他们的压力有多大？** 他们有多忙？他们是觉得自己有时间在岗位上成长，还是在苦苦挣扎？

- **有什么你能帮忙的吗？** 这一点对那些没有很强授权意识的上级来说特别有价值。

- **对他们来说，管理层的首要任务是什么？**

- **他们自己想改进什么？** 他们的目标是什么？如果他们看似陷入困境了，那么知道他们陷入了什么困境是特别有价值的，因为你可能可以帮助他们摆脱困境。你可以通过重新定义你的团队所能完成的工作的影响来帮助他们，而不是扩大团队规模，这通常是他们陷入困境的源头。

上级不愿意回答上述问题的情况一般比较少见。他们要么很坦白，很乐意分享，要么愿意谈论自己。然而，他们不知道如何回答的情况也相当普遍。在这些情况下，这些问题中的每一个在一对一谈话中都是一个相当宽泛的话题。

重职责范围轻头衔

上周，我和一名工程经理聊天，他提到他真正想做的是工程副总裁的工作，但又觉得没有人愿意在他身上赌一把。于是，他在快速发展的公司里寻找一个线性管理的机会，在那里他可以带领一个小团队，随着公司的发展迅速扩大管理范围。

我没有苛责他，而是迅速表达了我的观点：在以前的一次求职中，我也曾使用过这种策略，犯过这样的错误。

如果你运气好，在职业生涯早期，你的职业发展可能是相当顺遂的，以至于在职业生涯后期，你可能需要一段时间才能意识到你的发展坡度已经变平了，平得就像一枚硬币被扔下帝国大厦，然后又被一列煤车碾过。

大体上，有以下三种类型的工程管理职位。

- 经理：直接管理一个团队。

- 主任：管理一个团队中的经理。

- 副总裁：管理一个组织。

特别是在你的管理生涯早期，你很容易把达到下一个"梯级"与管理的人员数量混为一谈。按照这种方式计算，如果一家有 100 名员工的公司要雇用你，你可能需要管理 5 名直接下属才能成为经理，需要管理 20 名直接下属才能成为董事，需要管理 40 名直接下属才能成为副总裁。

关注团队规模比关注头衔更容易，因为制定头衔的成本很低，有时候头衔是很虚的东西。在 Digg，我的头衔后来变成了工程总监，因为公司和我的团队规模一直在萎缩。这并非对我的成功的认可，而只是一种参与奖励，因为我见证了公司历史上一次壮烈的功败垂成。

作为寻求自我成长的管理者，我们真正应该追求的是职责范围的扩大：不是计算你管理了多少人，而是在对组织和公司来说越来越重要和越来越复杂的方面，你承担了多少责任，从而促成了组织和公司的成功。在这里，你的职业发展可以从零和竞争转向拥有最大的团队，并演变成一个赋予组织权力和承担更多责任的良性循环。

勤奋工作的竞争要小得多。

公司总是需要有人来管理成本核算计划，来确定轮值的实施方法，来迭代工程师招聘流程。在这些跨领域的项目中，强有力的执行力将给你带来可媲美管理较大团队的个人成长和职业成长。与 50 名工程经理一起管理一个项目，是比管理一个 50 人的组织要好得多的学习机会，而且可以培养同样的技能。

认识到这一点对我来说非常重要，也赋予了我力量：**你总能找到机会来扩大职责范围，加强学习，哪怕是在一个没有空间容纳更多董事或副总裁的公司。**

这也改变了我聘用工程经理的方式，让我从扬言要管理一个随着公司发展而壮大的团队——如果我有过这样的梦想的话，那它也是一个不切实际的梦想，转而拥有一个更有意义、更切合实际的梦想，即通过广泛且复杂的项目扩大职责范围。

如果你一直专注于把扩大团队规模作为职业发展的途径，那就把所有这些都抛在脑后，然后在公司或组织中寻找一个你可以尝试填补的空缺。

这样做的话，你会更快乐。

对管理者进行管理的四大法宝

作为一名管理者，我花了两年时间才进入"领导者是孤独的"的阶段。人们曾警告过我，这种情况迟早会发生，而且它确实发生了。Digg 被收购后，团队努力适应，而我觉得我在独自承担压力。我看到了问题所在，却不知道如何去改变现状。两年后，我学到了更多关于管理的知识，越来越能够依靠经验而非创意去管理团队，也就不再感到孤独了。

当我开始对管理者进行管理时，事情发生了转变。我觉得自己肯定知道如何解决所有问题，但我不知道如何依靠别人来解决这些问题，而且常常在势态恶化后很久才知晓。授权、指标、会议和流程，这些曾在我看来显而易见或不重要的做法逐渐成为我的工具，我开始重新站稳脚跟。

在过去的一年里，随着我过渡到主要与高级管理者一起工作，此时，情况又发生了变化。

自己设定方针，而不是让他人提供

在你职业生涯早期的大部分时间里，会有一些人经常对你的工作做出反馈。随着你的职责范围的扩大，特别是如果你的职责范围涉及的内容比较专业的话，觉得自己有责任或有能力做出反馈的人越来越少。在一个新的职能部门或在一家小公司，你的团队可能只有两个人，而你面对这种哑然无声的状况已经很久了。

以前你可以得到直接且可操作的建议，现在你要听的则是隐约的声音：抱怨你的团队的技术债务太多，或者两个同事在以前相安无事的地方产生了一些轻微的争执和摩擦等。

作为一个职能部门的领导者，你应该设定自己的方针，而不是让他人来提供方针。当你所在领域的事情进展不顺利时，指导和信息输入会多到将你淹没的程度，超出你能接受的范围；但当事情进展顺利时，你通常要负责为自己和团队设定方针。

如果你自己不设定方针，就会开始感觉自己无关紧要：是不是没有人真正关心我们在做什么？如果我不再出现，会发生什么？我是不是应该做一些不同的事情？

在遭遇感觉自己无关紧要的情况后，你会出于本能而打算离职，这让你觉得是一种安慰，但这是一种错误的方法。你当然可以通过换工作来避免目前高涨的矛盾情绪，但即使你成功应聘另一家公司，你最终也会陷入同样的境况。

这是成功的管理者终将出现的一个症状。你必须接受它要给你的教训：如何确定组织的方针和你自己的方针。

在确定方针前广泛征求意见

确定方针的第一步是尽可能广泛地征求意见。与曾在不同类型公司工作过的同事谈谈，询问那些公司真正做得出色的地方。与你的团队成员谈谈，看看他们是否有一直在心中琢磨但还没有主动提出的想法可以借鉴。阅读一些新的技术论文。与同行公司的人会面，问问他们关注的是什么。在对待谷歌、Facebook 以及最小、最有趣的公司时做到一视同仁。

在第一阶段不加甄别地进行探索。你应该从各处收集想法，并获取人们打算实践的大量想法，即使你认为它们很糟糕也要收集。

一旦你的这些想法变得足够多，就可以进入第二阶段，即把这些想法设计成一条战略，然后开始测试这条战略。不断完善和探索你的战略，直到你能找出关键决策，这是一种特殊的敏感性分析。一旦你确定了战略中的关键点，就说明你已经准备好对这个方针进行定义了。

针对每一个关键点做出明确的决策，写一份文件来解释这些决策，然后看看能不能找人来读一读。

对于你写的东西，他们也许对很多内容都不认同，也许会感到困惑。

那就继续测试，并将困惑尽可能细化成一组有争议的问题，这组问题越少越好。

一旦你得出了这些问题，再回到你与其他公司有经验的领导者接触的阶段，问问他们以前是如何做出权衡与取舍的；询问他们的故事，让他们讲述事情的来龙去脉，在职业生涯早期，他们是如何让发展道路变得完美的，以及为什么他们在公司规模扩大后改变了观念。

将你学到的一切融入你的战略文件，至此，你的战略文件就基本完成了。

剩下的一个问题是，几乎没有人有时间去了解你那份过于精确的文件的全部细节，所以**最后一步是把它提炼成不需要花几小时仔细阅读就能理解的内容**。我仍在研究这样做的最佳方法，我想或许应该删减所有不必要的内容，修改重要但过于复杂的内容，用三四个要点表达清楚。

应对问题的三种有效方法

最近与一位工程经理聊天时，他提到了一种围绕在他们影响力周围的微弱却无处不在的焦虑。这种焦虑是在他不再直接领导团队，转而担任专门为管理者提供支持的角色后产生的。**我认为，每个管理者在向高层管理者过渡时期都会遇到这个问题：这是一段令人不安的时期，你失去了与团队直接合作的乐趣，又没有在工作中找到自我价值的新来源。**

不再直接领导团队并不是导致这一过渡期变得艰难的唯一原因，还因为你的很多技能和习惯都无法很好地发挥作用。其中表现得最糟糕的技能是解决问题的能力。

这尤其令人沮丧，因为你埋头苦干、解决重要棘手问题的能力可能是你获得提拔的一个重要因素。而现在，你的大部分问题都不能用这种方法来解决。这并非因为你不应该这样做，只是因为这样做效率太低，在广度和数量方面无法满足你的任务需求。

如果你正处在转型后的时刻，与你热爱的工作脱节，在直觉的驱使下展开一堆你无法投入其中的工作，而你想摆脱这种局面，那么可以试试一个对我来说很有用的工具，它可能对你也有用。

对于你遇到的每一个问题——一封要求做出决策的电子邮件、一个生产问题、一个关于轮值的争议、一个从一个团队调到另一个团队的请求，你必须在以下三个选项中选择一个：

- **终止**。以一种方式结束它，使这个特定的要求得到彻底解决。这意味着做出决策并将其传达给所有相关参与者。如果这个特定的任务不再出现在你面前，那么这个战略就是成功的。你的目标是尽可能快速并永久地结束这个特定的任务。

- **解决**。设计一个解决方案，使你在未来 6 个月内不需要再花时间处理这个特定问题。通常是设计规范或流程，但根据问题的种类，也可能是对个人的指导。在这个选项中，你的目标是结束所有此类别的任务。

- **指派**。在理想情况下，"指派"指的是将请求转移给负责此类工作的人，但有时指派是一次性的。如果你不能终止或解决一项任务，你唯一的选择就是要么将这项任务指派给有专业技能的人，要么指派给那些能在系统中工作的人去终止或解决它。

无论遇到什么问题，你都不能用除此之外其他方式解决！用一周时间尝试使用上面的方法，看看是否能帮助你更有效地驾驭你的角色。

包容性企业文化

员工有机会参与，企业才有机会成长

04

AN

ELEGANT

PUZZLE

包容性组织是指个人能够获得机会和
参与感的组织。

当我要为一个大型组织做演讲汇报时，我会花很多时间来对它进行精确的构思。我希望我的信息能引起更多人的共鸣，我希望同事们能怀揣着准确的理解离场。然而，从长远来看，衡量它的标准不在于我们说了些什么，又或者我们多么能言善道，而在于我们做了什么，并且衡量我们行动的标准就是组织文化。

有时候，这个标准并没有显示能让我们引以为傲的结果，但好在文化是会演变的。不过，这种演变只会在我们坚持不懈地尝试时，才会产生积极的变化。本章将探讨在我所服务过的组织中，我曾为文化演变做的不懈努力。

量化机会和参与感

长期以来，我都认为培养一个包容性组织这件事有点令人生畏。多层组织的参与者包括你的上级、同事和受你支持的团队（见图4-1）。对于大多数任务，我都能规划出一个路线图，确定一些合理的指标，然后着手工作。唯独对于培养组织的包容性，我只能忐忑地盯着空白的页面，束手无策。

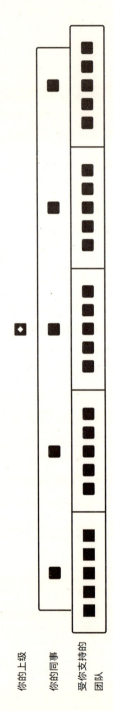

图 4-1　多层组织中的参与者

你的上级

你的同事

受你支持的
团队

从那以后，我找到了一个思考包容性工作的框架，这个框架很简单，但它能够使我从广泛的角度思考问题、确定有用的方案，并摆脱焦虑、付诸实施。这个框架包含如下基础概念：**包容性组织是指个人能够获得机会和参与感的组织。机会是指能够获得职业成功和发展。参与感是指人们能以感到舒适的身份加入。**

我发现这个框架对于反思哪些方面做得好、哪些方面可以改进等问题很有帮助，我希望你也能感受到它的显著效果。针对上述两个主题，我都撰写了如何实施和衡量的说明。

将提供机会的方式流程化

在一些好的工作环境里，周围的人都很讨人喜欢，客户也很友好，而你感受到了尊重，但你每天晚上回到家时还是心情沮丧。偶尔有一个有趣的项目时，通常也会交给资历更深的员工去做。因此当我思考获得机会这个话题时，我想的是要确保人们在大多数日子里，能怀揣着挑战和成长带来的满足感回到家中。

为你的组织成员提供机会最有效的方式是对优秀的流程进行结构化应用。优秀的流程应尽可能简洁，同时又足够严格，从而保证能够持续发挥作用。结构化应用要允许人们了解流程的运作方式，并让他们通过观察这些稳定且重复的流程应用来建立起信任。

俗话说，说起来容易做起来难。关键问题是，当遭遇不便时，你是否会继续尊重你的流程。如果你最好的团队中有成员想要获得某个机会，你是否愿意通过一个公开的申请流程帮助他获得这个机会？如果他们打算离开你的公司，你是否愿意绕开流程来留住他们？

创造和分配机会的方式有许多种！下面是我发现的一些比较有帮助的方案。

- **处处有评价标准。**每一个重要的人事决策都应该有一个配套的员工评价标准。这对于晋升、绩效评定、招聘、向管理层过渡等几乎所有方面都是如此！

- **选拔项目负责人。**采用结构化的方法来选择项目负责人，可以让你从之前的遴选中吸取经验，确保你不会把机会只留给一小部分人。

- **明确预算。**许多公司在预算上采取"像花自己的钱一样使用预算"的方法，这经常导致人与人之间出现巨大的分歧。不要只说你将支付团队每年参加合理数量会议的费用，要明确一个固定数额。不要只说维持常规持续教育的预算，而是要给出明确的数字。

- **助推参与。**许多人不太会主动申请机会、使用教育预算、寻求指导等。直接联系这些人并推荐他们去申请是非常有效的。更有用的是向他们展示他们在机会分配中的劣势：知道你从未动用过你的教育预算是一回事，而知道你是唯一一个没有使用过的人则是另一回事。

- **教育项目。**创建可供所有人或者所有经理参与的持续培训和学习项目。

我非常有信心，这些措施将大大改善机会的分配和获取状况，但我们还能做得更好。我们可以衡量机会。我发现机会具有很高的可衡量性，这也是我认为它是思考包容性的有效手段的其中一个原因。

对我来说有帮助的衡量指标包括以下几个：

- **留任率**（retention）是衡量机会可用性的最重要指标，尽管它也是一个非常滞后的指标。这是你首先应该注意的事情，但也必须认识到，它的变化需要很长时间才能显露。

- **使用率**（usage rate）是指在项目遴选中人们被选中的频率。有多少来自不同团队的成员被选中去领导关键项目，这个数字是一个特别值得玩味的衡量指标。

- **等级分布**（level distribution）也非常有用，特别是在比较具有不同背景的员工群组方面。人们希望在他们工作的公司里，能有背景相似的高级角色充当自己的楷模，关注弱势的少数族裔和女性代表只是一个开始，你还需要了解每个角色和资历等级。

- **等级时间**（time at level）是指团队成员两次晋升之间的时间间隔。需要注意的是这个数字在不同群体之间该如何进行比较，因为这个数字在很大程度上受聘用时的初始级别影响。例如，不同群组之间的等级时间看起来相同，是因为有些组群在被雇用时级别被设定得太低了。

获取这些数据需要与你的人力资源团队合作，但我发现，友好的坚持，以及分享问题背后的想法，可以帮助你和你的同事很好地合作。

用 4 个指标衡量参与感

参与感有点难以衡量，但与机会同样重要。我记得有一位同事曾说他们每天都要找一个人一起吃午饭，虽然他们的工作进行得很顺利，但是每天临近中午的时候他们感受更多的却是孤单。

如果你花太多精力去想和谁共进午餐，你就没有太多精力用于创造。如果去上班的想法让你感到焦虑，在某个时候你就会决定不再来上班。参与感是归属感的先决条件。

在这一点上，我发现最具有影响力的方法有以下几个：

- **每周固定活动**。这些活动是在工作时间定期进行的，对来自不同团队的人开放，可自主选择，使同事们能够进行社交互动。我个人最喜欢的活动之一是主持一个论文阅读小组。

- **员工资源小组**。为具有相似背景的员工创造建立社群的机会。

- **场外团队活动**。可以一个季度左右进行一次，它为暂停、反思以及以不同方式的合作提供了良好的机会。花一天的时间在一起学习和讨论能让人们更有团队感。这种活动效果惊人，对管理者群体来说尤其如此，因为他们的日常节奏通常与团队而非同事更为一致。

- **喝咖啡聊天**。也许可以根据 Donut 随机分配人员，让来自不同团队的员工有机会在工作以外互相交流。

- **团队午餐**。让人们有时间放松一下，进行社交互动。大约每周举行一次，它们可以成为一种令人愉快的仪式。这可能有点挑战性，在整个团队中引导社交习惯比在一对一谈话中要困难得多，至少对那些在团队中感觉不自在的人来说是如此，比如新员工。

这些方法都很简单，而它们的简洁明了足以让你不需要深思熟虑就能做好它们。你要根据团队或组织的具体情况，对方法进行调整，就可以使其生效。你可以多花上一天时间与各类同事一起测试你的实施方案。

尽管我发现衡量参与感比衡量机会要难，但当你推广这些方案时，衡量指标仍然非常重要。下面是一些可行的指标。

- **留任率**。留任率再次成为黄金衡量标准，再次成为长期跟踪指标。

- **推荐率**。按群组划分，可以让我们了解到哪些人愿意邀请朋友和以前的同事加入公司。

- **出席率**。经常性活动和团队午餐的出席率可以让我们了解人们是否在这些群体中感到舒适。

- **喝咖啡聊天的次数和完成率**。可以使用 Donut 进行自动检测，就像你收集数据来衡量机会一样。这需要与人力资源部门合作完成，但值得一试。

机会和参与感的相似之处在于，在众多员工中平衡人们获得参与感的机会是相当困难的。许多活动和安排并非适合所有人，聚餐对有着复杂饮食限制的人来说可能多有不便，体育活动会让一些人不舒服，工作时间以外的活动可能会让为人父母的员工无暇参与。而要在这一点上取得成功，既需要对各种可供选择的活动进行广泛的组合，也需要关注活动和时间的平衡。

打造包容性组织需要坚持不懈

如果在机会和参与感这两方面都努力了，你就会发现自己已经走在通往包容性组织的道路上了。这一战略并没有多少闪光点，但其结果却比宣言更为响亮。最重要的是要长期持续投入。选择一些你能够持续进行下去的事情，行动起来，为不断积累的热度添砖加瓦。

为关键项目和一般项目选拔项目领导

你是否经历过这样的公司环境，在那里总有那么一两个人能得到负责最重要项目的机会？我就经历过，在那里只能眼睁睁地看着这些学习经验的机会落在他人头上，这着实令人沮丧。随着公司的发展，对个别小群体的依赖很容易限制公司的规模。

这一点非常重要，以至于我开始认为，拥有一大批领导关键项目的员工是组织健康状况良好的重要标志之一。

这是一个特别重要的指标，因为它同时衡量了公司执行项目的能力和其成员获得成长的程度。前者有助于确定公司的潜在规模，后者与组织包容性密切相关。

在这种情况下，所有项目都被分成了两类：关键项目和其他项目。关键项目稀缺，想要它们的人比能获得它们的人要多。其他项目也很丰富，你可能无法立即得到一个，但如果你等上一两个月，概率就很高了。没有必要对大量的项目进行固定安排！

为了增加领导这类项目的人员的数量，我已经迭代了一个结构化的过程。

- **定义项目的范围和目标。**借助简短的文件。特别重要的是要确定以下几点：

  - ▶ **时间承诺。**人们需要决定他们是否必须征得上级的许可。

  - ▶ **申请要求。**如果没有要求，明确说出来，否则，很多人会认为有，然后选择放弃。

  - ▶ **遴选标准。**如果有多人申请，你将如何在他们中选择项目负责人。

- **宣布项目。** 通过公共电子邮件列表或任何你的公司经常采用的沟通方式向所有人宣布这个项目。我倾向于用电子邮件来通知。最重要的是以下几点：

  ▶ **允许人们私下申请。** 有些人对公开申请感到不自在。

  ▶ **确保申请者无法看到其他申请人。** 有些人看到他们认为资历较高的人申请，就会马上退出，因为他们觉得自己资历不够。

  ▶ **给人们至少三个工作日的时间来申请。** 只要有可能，就尽量这样做，因为有些人需要与他们的上级或同事沟通，以增强申请的信心。

- **推那些你认为不错但可能不会自行申请的候选人一把。** 这对让新人加入这个过程尤为重要。

- **根据你制订的遴选标准选拔一个项目负责人。** 花点时间考虑每一个符合标准的申请者，如果可能的话，写一两段话来描述他。一旦你选出了负责人，私下联系他，确认他能够对自己的工作做出承诺。

- **为项目负责人寻找赞助人（sponsor）。** 方法是找一个已经成功完成类似项目的人作为项目负责人的顾问。这个赞助人将指导项目负责人圆满完成工作。对赞助人来说，这是一个很好的学习机会，因为他们通常都是擅长自己做事的人，而不习惯指导别人去领导难以判定实施方法的大型项目。

- **通知其他申请人没有被选中。** 如果你向他们提供反馈，告诉他们因何落选，这将大有帮助。有时是因为他们已经做了一些很棒的事情，而你想为其他人创造学习的空间。这是完全合理的事情，你应该告诉他们。

- **启动项目**。通知收到过申请公告的员工，项目负责人是谁，赞助人是谁，以及他们运营项目的计划是什么。

- **记录项目**。利用公共电子表格记下谁是获选者，谁是赞助人。也可以用链接的形式添加项目简介。

如果你这样做了，久而久之，你就会清楚地知道最重要的项目需要依靠谁去推动。如果你做得好，你将看到这个群体在持续壮大。

前几次你这么做的时候，你会觉得束手束脚，效率低下。以前，你只需要向你倾向的人选发送一个信息，他们就会行动起来，但现在你必须运行一个更缓慢也更慎重的流程。不过，我越来越相信，这是过去几年我的领导方式最重要的变化。做得好，它可以成为你努力发展的包容性组织的基石。

让你的同事成为你的第一团队

虽然公司实际上是由团队组成的，但是我发现，对所有团队都没归属感的人十分常见。 直接与工程师共事的经理往往在团队中有一些参与感，但即使他们极少摆出领导架子，也会与团队成员有一定的距离。对经理进行管理的经历可以让你稍稍刺破隔阂的面纱，但当涉及绩效管理或分配资源时，面纱就又会落下。

面对同级别的同事，你也可能会有不同形式的不适。随着职责范围的扩大，你对他们可能已不太了解，你可能会发现自己开始经常与他们争夺有限的资源。即使你周围都是进步很快的人，你也可能会尴尬地意识到自己也很渴望得到那个很稀缺的职位。

这些互动可以确保团队成员和平相处，但仅此而已，他们之间的协作也不频繁。这是一个奇怪的悲剧，我们要求自己对建立健康运转的团队负责，而我们自己却很少有机会成为这样的团队的一员。

情况可以变好。我们可以有更多期待。

我曾在一些这样的团队中工作过。在这些团队中，人们总是互相照顾，并且相信他们在一起会变得更好。这些团队中有些成员宁愿让自己手下的团队成员失望，也要帮助与他们平级的同事取得成功。当然，他们并不是故意让团队成员失望的。相反，他们是以广泛视角，将与他们平级的同事包括在内来对结果进行平衡的。

这样一来，团队的成员已经将他们的第一团队从受自己支持的人转移到与他们共事的人身上。虽然这些团队很少见，但我认为，他们这样做的理由很简单。虽然很难实现，但当条件成熟时，他们会创造一个非常不错的工作环境，证明此前的付出是值得的。

这样一个团队必需的要素如下：

- **了解彼此的工作**。即使完全出于好意，如果某个成员不熟悉其他成员的工作，他们也无法为团队做出优化。让平级同事认同某个人的第一步是确保他们了解这个人的工作。这需要大量的时间投入，可能需要每周分享进展，以及偶尔让所有人深入了解彼此的工作。

- **从角色进化到真人**。当我们不太了解某个人时，我们往往会主观臆断，把他们塑造成类似在游戏中出现的角色，这些角色的存在可能连角色本人都不知晓。在你的心理游戏中，为了角色进行优化是颇具挑战性的，但若是为了你所了解的真人这样做就容易多了。花时间在一起互相了解，通常在团队活动中，对你来说不大熟悉的人会慢慢变成一个个具体鲜活的人。

- **调停变节**。在博弈论中，有一个关于优势策略的概念。优势策略是指无论其他玩家的行动如何，一个人都总能获得最大收益的策略。但团队协作并不是优势策略，相反，它需要每个人真诚地参与。如果你看到有人违背了团队的利益，你也很可能会为了自己的利益而"叛变"。有些团队组织很严密，从没有人试图"变节"，但大多数团队成员和外部条件都历经过频繁的变化。我认为，在这样的团队中，只有由经理或一名受人尊敬的成员充当裁判进行协调，要求团队成员行事端正，才有可能起作用。

- **避免零和文化**。一些公司培养零和文化，在这种文化中，人们认为成功取决于获取稀缺的、定量的资源，比如职员编制数。在这种情况下，很难说服员工进行合作。积极的文化以认可影响、支持和发展为中心，这些都是在更大层面获得成功的保障。

- **明确表述**。如果你已经具备了前4个要素，你仍然必须明确讨论这一想法：你希望员工将认同感从他们服务的团队转移到由平级同事构成的团队。员工很难将参与感从共度时间最久的团队中转移走，我也没有看到这种情况自然而然地发生过。

考虑到让一个团队的管理者将认同感从他们所支持的员工转移到他们的平级同事身上需要花费许多精力，人们有理由怀疑这样做是否值得。我认为是值得的，你无须惊讶。

随着你的角色的职责范围越来越大，你需要站在更多团队和人员的角度思考这些挑战。从这个层面上说，将平级同事当作你的第一团队，你不必先晋升到这个职位，就可以开始实践管理者的工作。

你越是充分地为你的全体平级同事优化工作，你的优先事项就越能反映你上级的优先事项。除了达到更泛意义上的练手目的之外，它还会让你从上级领导那里获得特别有用的反馈，因为你们思考的是类似的问题，有着共同的目标。

最好的学习经验并不总是直接来自你的上司，一个第一团队所做的最重要的事情之一就是提供一个学习共同体。只有当你的平级同事了解你的工作，并对你的工作与你有类似的见解时，他们才能提供优秀的反馈。同样，当你在思考你平级同事的工作时，你将能够从他们出人意料的处理方式中学到经验。很快，你团队的学习速度将是每个人遇到的挑战的总和，不再局限于你的个人经验。

从长期来看，我相信你的职业生涯在很大程度上取决于你的运气和学习速度。关于运气，我没有什么建议，但为了加快学习，我有两个建议：一是加入一个快速扩张的公司；二是让你的平级同事成为你的第一团队。

如果你想了解更多内容，那么可以阅读杰森·王（Jason Wong）的《打造第一团队思维》（*Building a First Team Mindset*）中关于这一主题的优秀文章。

寻找高级经理的 4 个关键点

在过去的 6 个月里，我一直在招聘高级工程主管。高级工程主管角色比直线管理角色更稀缺，而且在不同的公司之间差异更大。在此过程中，我学到了很多新东西。

寻找高级经理至少要关注 4 个方面：

- 有很多人在他们目前的公司里找不到上升的机会。他们以前没有管理过经理，目前正在寻找机会。

- 大多数有管理经理经验的人对目前的职位都很满意。

- 对这些职位感兴趣的人超过了职位需要的人。这使得制订鲁尼规则（Rooney Rule）[①] 这样的流程变得更加重要。

- 你需要一个公平的方式来考虑公司内部的候选人。该方式必须在对他们表现出尊重的同时允许你维护公司的利益。

最后一个方面让我学到最多，也是我想关注的方面。确保内部候选人参与，对包容性文化至关重要。公平考虑并不意味着我们更青睐内部候选人。相反，它意味着有一种结构化的方式供他们申请相应的岗位，并让我们考虑他们。

让人们来申请是最容易的部分。你必须公布每个岗位，并要求内部候选人参与申请。你应该说服符合条件的候选人去申请，尤其是在他们游移不定的情况下。你应该给他们一两周的时间考虑是否申请。

然后是更棘手的部分：评价。在评价过程中，我们要专注于检验以下这几类技能：

- **伙伴关系**。对于同事和将要管理的团队来说，他们是不是得力的伙伴？

- **执行力**。他们能否支持团队实现卓越运营？

[①] 鲁尼规则由美国国家橄榄球联盟匹兹堡钢人队主席丹·鲁尼（Dan Rooney）提出。该规则要求，国家橄榄球联盟在寻找主教或者高管时，候选人名单中必须有一名少数族裔者。——编者注

- **愿景**。他们能否对团队的未来状态及其范围提出令人信服、振奋人心的愿景？

- **战略**。他们能否找出将未来的状态变为愿景的必要步骤？

- **口头和书面交流**。他们能在书面和口头交流中描述复杂的主题吗？他们能否在做到这一切的同时，既能吸引听众注意力，又能根据听众的需求调整细节？

- **利益相关者管理**。他们能否让其他人，特别是高管感到被理解？他们能否让这些利益相关者确信他们会解决所有问题？

这份评价并没有涵盖一个行事高效的高级领导人的方方面面。但它确实涵盖了一个人要想获得成功需要具备的基本技能。你已经了解一个内部候选人是否曾聘用过经理，你也知道他们是否做过组织设计，所以没必要再问这些问题了。

为了测试这几类技能，我们可以使用以下这些工具：

- **平级同事和团队反馈**。收集四五个平级同事的书面反馈，包括其他团队的平级同事，也包括申请人管理过的人和他们没有管理过的人。我的首要建议是：参考有争议的反馈，而不是敬而远之。倾听潜在异见者的声音和他们的担忧。

- **一份 90 天的计划**。请申请人写一份 90 天计划，说明他们将如何过渡到这个角色，以及他们的工作重点是什么。他们需要重点说明具体的策略、时间节点，以及会把注意力放在哪里。这也是一个了解他们对当前形势判断的好机会。就他们的计划向他们提供书面反馈。让他们将反馈纳入计划中。这是一个尝试在新角色上开展合作的机会。

- **愿景 / 战略文件。**请申请人写一份愿景 / 战略的综合文件，概述新团队在两三年内的发展方向，以及他们将如何引导团队实现这一目标。对该文件提供书面反馈，让他们采纳这些反馈意见。

- **愿景 / 战略汇报。**请申请人向三四位同行介绍他们的愿景 / 战略文件。让平级同事提出问题，看看申请人如何回应这些反馈。

- **向高管汇报。**让申请人向高管就他们的战略文件进行汇报，并进行一对一谈话。尤其是要测试他们应对不同利益相关者的沟通能力。

运行这个流程需要大量的时间，但这是值得的。事实上，这比我在过去一年中所做的所有事情得到的有用反馈都多。它为我们带来了一种有意为之的实践方法，这在工程管理中是罕见的。

人们逐渐承担起计划中可能出现的风险。你可以提供直接反馈，而不必冒着微观管理的风险。这已经足够有用了，我现在尝试弄清楚我们是否可以使用类似的形式来培训经理。

要知道，内部流程是很尴尬的。你会有很多内部候选人，他们会互相交谈。他们还会将自己申请的职位向外部候选人开放，一个候选人可能最终会管理其他候选人。不要有避免这种尴尬的想法，你做不到，躲得过初一躲不过十五，到时候，场面仍将十分尴尬。相比之下，眼下的尴尬没什么大不了的。

执行这个流程，并忍受其中的尴尬，是我作为经理所做的最有价值的事情，我推荐这种方法。

别让企业文化和管理自由成为创新的障碍

1969 年，美国歌手罗杰·米勒（Roger Miller）以及后来更为著名的詹尼斯·乔普林（Janis Joplin）都曾演唱过《我和博比·麦吉》（*Me And Bobby McGee*）。其中有一句歌词：

> 自由不过是一无所有的代名词。

这让我们对定义自由又多了一个奇特的切入点。也许这首歌只是表达了对现实的无奈：法律需要有人承担后果，但当你已经一无所有时，也就没有什么承担后果可言了。

抛开歌曲糟糕的副歌和令人困惑的转场不谈，我们要讨论的主题是公司文化和自由之间的关系。我们并没有着手探索自由与结果之间的关系——这是一个相当令人沮丧的开始。相反，我们应该着眼各类自由，这会立即将我们带到积极自由和消极自由之间有何区别这个话题上。

积极自由是你做某事的自由，比如投票，穿自己想穿的衣服，当你的邻居在阳光明媚的日子里坐在户外看书时，你可以面朝他家的门廊吸烟。消极自由是你不去做某事的自由：既不必在获准投票之前接受一场不可理喻的读写能力考试，也不必去穿你不喜欢或感到闷热的衣服，在阳光明媚的日子里，不必在走廊读书时被邻居的二手烟所困扰。

根据这种判断标准，"自由"从本质上来说，既非有益，也非公正，就像我们生活中的其他深陷混乱的事物一样，它也落入了暧昧不明的灰色地带。我们执行的每一个积极自由都剥夺了一个消极自由，而我们确保的每一个消极自由都剥夺了相应的积极自由。这种可悲的状况通常被称为"积极自由悖论"（Paradox of Positive Liberty）。

　　我认为，**平衡积极自由和消极自由是管理者和管理层的一项基本任务**。如果我们有幸拥有一支优秀的团队——并培养了一种非凡的文化，他们可以沿着一条有价值的路线执行得很好，然后，就像央行降低利率以避免泡沫，或像慢跑者减少速度以降低心率那样，我们可以谨慎地走向消极自由，远离积极自由。这是促进和延续我们成功的基本手段之一。

　　沿着这条路继续往前，如果结构失去作用，经济在我们周围发生了变化，或者无序状态的不断发展给体制带来了冲击，那么我们将再次转向积极自由，这将使组织有更大的可能性来成功地适应新的环境。

　　将两者结合在一起，管理层既可以慢慢减慢速度，以保持好时光的延续，也可以加快速度，以帮助度过充满挑战的时期。

　　自由是一个承载了太多内涵的词，所以它很容易演变为对道德的讨论。但在非常敏感的时代和话题中，我相信从系统动力学的角度看问题是一种有价值的方法。公司是一个极其复杂的系统，有几十个反馈回路，尽管我们需要分外小心和充分考虑对自由的种类和质量的管理，但这也只不过是另一个需要调整的机制罢了。

　　最后说几句题外话。首先，汤姆·德马科（Tom DeMarco）的《裕度》（*Slack*）就工程团队在积极自由和消极自由之间的良好起始状态给出了一个很好的建议：遵循标准操作流程，即继续做你已经在做的事情，以及继续保持你目前采用的做事方式，对每个新项目只做出一种改变，也许是使用一个新的数据库、一个新的 Web 服务器、一个不同的模板语言、一个静态 JavaScript 前端等，但切记总是只改变一件事。

　　其次，我总是害怕站到历史的对立面去，所以我花了一些时间思考关于自由的讨论与本·霍罗威茨（Ben Horowitz）《能做与不能做的文化》（*Can Do vs. Can't Do Culture*）这篇文章之间的联系。这篇文章在我读来是在描述专注于创新的年轻公司与陷入"创新者困境"的成熟公司有何不同。

老公司可以（而且确实）培养有保障的创新空间，比如拉里·佩奇（Larry Page）对谷歌内部的好点子进行投资，但保持市场地位与创造新市场是有根本区别的。我认为更完整的论点是在适当的情况下采用这两种文化，同时强调积极自由和消极自由。

消灭"英雄"，努力工作并不能保证成功

项目启动晚了 18 个月，公司收入大幅下降，关键人物纷纷离职，被新员工取代。这种情况下该怎么做？好吧，更努力地工作！

这有用吗？

当然没用。除非问题在于人们没有努力工作，否则"更拼一些"这种口号只会培养英雄程序员，他们的英雄主义作风让非英雄员工难以做出有意义的贡献。之后，随着这些新英雄在精疲力竭中"殉道"，你将面临三个极具挑战性的问题。

- 你培养了一群心怀不满、心力交瘁的英雄。

- 你和你的英雄们已经疏远了其他所有人。

- 你的项目还是一团糟。

这是许多成长中的公司都会陷入的一种反复出现的模式，大公司内部的项目也会出现这种情况。在任何你发现有绝望的管理层和不辞辛劳的团队的地方，都可能会出现"更拼一些"的口号。

英雄的陨落和崛起

在一个下雨天，你走进办公室，你的老板想和你谈谈。他需要你完成你手头的项目，同时还希望你能完成你同事的项目，且不要让同事感到难过。因为，你的同事仍将担任这个项目的主导人，你只不过是去完成它而已（记住，你自己的工作也要同时完成）。

几周后，网站每隔几天就崩溃一次，而且公司真的需要推出网站的新版本了。老板突然出现，表明他非常信任你，需要你接管这两项工作。你是个好人，而且这听起来是个好机会，你很确定你能比那些已经在做这件事的人做得更好，所以你答应了。

恭喜你！你成了一名英雄程序员。

你现在正在处理 5 个不同的项目，试图不惹恼太多人，但你很难让所有人都参与进来。看起来他们并不像你那样努力工作，这有点拖你的后腿，因为你每周要工作 70 小时，每个周六晚上都要被叫去加班。

其他开发人员对你能带头解决让他们感到恐惧的问题感到高兴，但一切都不顺利。有两个人因为你近来的地位提升而心怀怨恨，但大多数人只是不知道如何再做出贡献，因为你和你的英雄同伴们正在重写现有的系统、中断调试、只挑选那些能轻易做到的事情来做。他们还能做什么呢？

一天又一天，一周又一周，在英雄和非英雄之间的挫败感越来越强，最终走向不可避免的灾难。

消灭英雄程序员的两种方法

当谈到解决英雄程序员的问题时，你的选择是有限的，要么消灭滋生英雄程序员的环境，要么让英雄程序员精疲力尽。

他们是真正难以维系的人，因为他们的存在限制了周围人的效率，用长时间工作和最小化沟通成本（最小化是因为大多数其他人也做不了什么事）换来了短期生产力的爆发。

这些长时间的工作使你的英雄们疲惫不堪，然后他们要么放弃，要么被你推到一个角落，在那里他们会对你怒目而视，还会记住他们的辛勤工作和关键贡献如何最终只换来角落中的横眉冷对。

你可以让英雄们回归到正常的工作状态，但这从一开始就是一件高风险的事情，而且解决这件事需要时间。他们可能会怨恨你一段时间，而且他们也应该恨你，因为你为了解决当前的问题用愚蠢的尝试创造了他们。

偿还技术债务也要慢慢来

系统思维的一个观察结果是，尽管人类倾向于将事件解释为因果关系，但通常，问题更适合用一系列库存来描述，这些库存随着流入和流出的流量增长或收缩。"沙尘暴"不是由一个农民或一年的过度耕作造成的，而是由多年的系统滥用造成的。

库存和流量在理解项目和团队的失败方面特别有价值。项目在一次次的冲刺中落后，技术债务在几个月内扼杀了项目。

项目慢慢失败，修复它们也需要时间。

以疯狂的速度工作数周或数月可能会让人感觉像是一场巨大的气力和精力的倾注，但要迅速抵消几个月糟糕的实施或管理所造成的赤字是不可能的。

如果努力工作和培养英雄都不管用，那什么有用呢？

重置故障系统，结束失败也是一种补救方法

解决故障系统的选择取决于你是否有能力制定策略。如果你设定了最初的方针，并且有改变方针的筹码，那么重置就很简单，只要站起来，为你所陷入的失败承担责任就行。

承担责任是痛苦的，而且它在人群中发挥作用的次数有限。之后，人们就不会再相信你能带领他们走向成功了。这是有一定道理的，因为你已经多次带着他们偏离正轨了。彼此都要讲公道。

如果接受失败让你看起来灰头土脸，那么至少结束失败是一种补救方法，随着行程安排的重置和目标的调整，团队将有机会开始"恢复健康"。如果没有改变政策的筹码（不一定是直接借助权力，因为影响力是一个强大的东西），你就不能开始恢复团队的健康状态，但你可以在此过程中促使团队更快达到重置点。这与艾萨克·阿西莫夫（Isaac Asimov）的《基地》（*Foundation*）系列中主人公的目标相似，他们努力减缓银河帝国的崩溃。

若没有政策，你可以借助的工具就是退后一步，任由故障自行崩溃。一个有严重缺陷的系统不能用创可贴来拯救，但它可以很容易地吸走你的快乐，从而苟延残喘。如果你退后一步，就可以节省精力，避免在英雄模式中把别人推开从而导致你们之间出现裂痕。在重置发生后，你要准备好成为新系统的一部分，希望这个系统功能更强。

　　这个过程令人不适，如果你是一个勤奋、忠诚的人，这可能与你的本性深深相悖。这当然违背了我的天性，但我相信在这种情况下，如果顺应了我的天性，对我自己和我周围的人都是有害的。

　　项目一直在失败，人们一直在搞砸。通常情况下，正是因为我们没有承认错误，才会加剧这些错误。如果我们迅速承认错误，并在精疲力尽之前减少错误决策带来的损失，那么我们就可以从错误中学习并改进。

　　消灭你的英雄，不要再那么拼了。不要把自己困在错误中，你要从错误中学习并向前迈进。

明确的职业生涯规划

从设计有效的招聘流程开始

05

AN

ELEGANT

PUZZLE

无论是稳定期还是转变期，都是成长的
大好机会。

运气在每个人的职业发展中扮演着如此非凡的角色，以至于有时整个职业规划的概念都显得不太靠谱。然而，作为管理者，我们在减少运气对其他人的职业作用方面有着巨大影响力。这种潜在的影响力要求我们为面试、晋升和培养员工建立公平有效的流程负责（见图 5-1）。

本章探讨了如何设计有效的面试和招聘流程，以及如何在不断变化的基础上对自己的职业生涯进行引导。

为什么高速增长
并不能很好地代表个人成长

人们普遍认为，在大公司工作了很长时间的人很难适应在小公司工作。理论上，在一家公司工作太久，你就会被限制在某一领域，难以被其他公司聘用。年龄偏见和这样的现实强化了这种看法——很少有公司能持续完成一轮又一轮的革新，而革新正是随着时间的推移仍能保持卓越的必要条件。

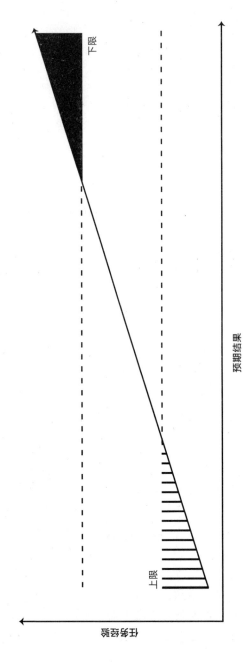

图 5-1　实践者的经验与可以提高预期预期结果下限或上限的政策之间的关系

辉煌一时的公司数量非常庞大，例如雅虎、甲骨文公司和 VMware。

如果在一家公司长期任职是一种污点，那么短期任职呢？任职时间太短也被认为是一种耻辱。尽管这种情况受歧视的程度肯定不像以前那么严重了，但歧视现象依然存在。所有公司都有一个相当一致的看法，那就是某个人的工作经历中有多段为期一年以下的工作经历是个不好的信号，只要你在某个地方工作了几年，那么你职业生涯其余部分完全由一年期的工作组成，也不会被视作危险信号。虽然我确信，这些观点是有严重缺陷的，但在我自己的职业生涯中，它们意外地成为一条经验法则：在任何地方待上至少 2 年，然后寻找一个可以待上 4 年的地方，以平衡我多次为期 2 年的工作。我确实遵循了这条原则，在我工作过的每家公司至少待了 2 年，每开始一份工作，我都抱着这样的希望，那就是我能在这家公司待上 4 年。

出乎意料的是，事实证明，这是一种思考职业规划非常糟糕的方式，最近我一直在试图找到一个更有用的框架。

在一家公司工作并不是一种连续单一的体验，而是由稳定期和快速变化期混合在一起，这些快速变化期在不同时期之间架起了桥梁。蓬勃发展既需要在每个新时期找到成功的方法，也需要成功地度过转变期。你自己会触发一些转变，比如跳槽。其他事件则不受你控制：你珍视的同事离职了、你的上司升职了，或者公司资金耗尽了。

不要去讨论任职期的长短，我们来谈谈各种时期和转变。

新的职业生涯叙事比默默工作更重要

从绘制你过去一年的框架图开始。每次有对你的工作方式有深远影响的变化发生时，就把它作为一个转变标记出来。这些可能包括你的直属领导的变动、你团队的任务被重新定义、一次重大的重组等，也包括你依靠什么技能来应对这一转变，转变给了你提升哪些技能的机会等。

接下来，想想转变发生之后的事情。价值观和期望值是如何变化的，劳心劳力地运营是否被视为关键工作，围绕包容性和多样性开展的工作是否成为绩效考核中被提到的重要工作，你最依赖的技能是什么，你现有的哪些技能不再使用了。

你刚刚写下的是你新的职业生涯叙事，它给你的收获比你在公司再多待一年的收获还要多。

追踪稳定期和转变期，获得成长机会

无论是稳定期还是转变期，都是成长的大好机会。在转变期，你将有机会通过培养新技能来提升下限。在稳定期，你可以通过掌握新时期受到重视的技能来提升上限。随着这两个时期的循环往复，你已提升的能力下限将使得你撑过大多数转变期，而凭借你不断扩展的熟练能力，你的职业生涯又能在大多数稳定期得到大力发展。

有人认为，成熟的公司有更多的稳定期，而初创公司更倾向于变革，但根据我的经验，最重要的是你加入的具体团队。我见过极度静态的初创公司，也见过规模更大的公司中充满活力的团队组织。我特别想挑战一下谢里尔·桑德伯格（Sheryl Sandberg）说过的那句老话：**"如果有人在火箭飞船上给你留了个座位，不要问座位在哪个位置！只管上船。"**

即使在高速增长的公司中，往往也有团队在很大程度上受到管理层的庇护而不用革新，或者有些团队因为他们离公司的首要限制因素太远而无法引起关注。

通过追踪你的各个稳定期和转变期，你可以避免在某个时期因无法发展新技能而徘徊不前。这样一来，你的个人将得到持续成长，即使你身处一家被形容为无聊且成熟的公司，你的个人发展也不会受到阻碍。如果你在一家快速成长的公司或初创公司，同样的建议也适用。不要将成长视为已成的定局，成长只来自变化，这是你可以左右的。

运行人性化的面试流程，取得最佳面试效果的第一步

无论你跳槽过多少次，更换公司都是有压力的，因为你需要找工作和面试。我已经在多家公司进行了数百次面试，每次面试时我都觉得准备得更充分一些了，但作为被面试的一方，我总是感到卑微。

我相信面试的状况正在改善，许多流程现在都要求候选人阐述事先准备好的技术主题，而不是即兴发挥（这更接近真实的工作任务），而且许多公司已经将白板演示算法问题改为在笔记本电脑上，用你选择的编辑器在一段时间内进行结对编程。

回顾我早期的面试经历，有一次我竟然被要求在白板上做微积分，所以当我发现情况现在有了这么大的进步后，非常惊喜。

虽说如此，但并非所有面试都得到了改善。现在仍然有很多面试会使用白板编程，而且由于惰性和粗粒度分析的共同作用，很多人们最向往的公司仍在继续采用这种做法。惰性是包括我自己在内的许多工程师和经理进入这个行业时的面试状态。而且，如果你达到了招聘目标——有足够的专业资源，任何流程都会达到招聘目标，那么就很难优先改进流程。

反思我在过去几年中举行的面试以及我最近经历的那些面试，我认为，

虽然做好面试工作远非易事，但其实也没有想象中那么难。对此我有如下建议：

- 友善对待候选人。

- 确保所有面试官对角色的要求达成一致。

- 了解你面试时要检测的信号（以及如何搜索该信号）。

- 为面试做好准备。

- 有意表达对候选人的兴趣。

- 为面试官和面试轮次设计者建立反馈机制。

- 像对待所有转化漏斗（conversion funnel）一样，对其进行自动化检测和优化。

你不必做到上述所有的事项，就会发现面试效果已经得到改善！从友善对待候选人开始，慢慢地坚持下去，直到走到分析这一步。

通过结构化设计友善对待候选人

一次好的面试体验始于友善对待候选人。在面试过程中，善意会以各种方式体现出来。当一场面试超时，你还没来得及回答面试者的问题，友善的做法是给他几分钟的时间提问，而不是去赶赴下一场面试。同样，在这种情况下，善意的做法是重新商定一个时间进行面试，不要因为每个人都试图赶上原始进度而引发面试官一连串糟糕的时间管理。

我的经验是，如果你的面试官时间紧迫，你就无法执行一个亲切的、以候选人为中心的面试流程。相反，如果一个面试官对候选人不友善（这些不友善通常是"渐渐出现而非突然发生"的），我认为这通常是面试过程中的结构性问题，而并非个别面试官自身的问题。

我所接触过的几乎每一位不友善的面试官，都是在连续数月每周进行了许多次面试后患上了面试倦怠症，或者由于忙于其他工作，他们开始将面试工作视为一种负担而不是一种贡献。为了解决这个问题，让他们在一两个月的时间内停止面试工作，并确保他们的整体工作量是合理的，然后再让他们参与面试工作轮班。

识别面试倦怠也是工程经理和招聘专员之间保持良好公开的沟通关系的一个重要方面。让两组人来寻找面试倦怠症的信号比一组人更有用。

角色认同，有效面试的关键

实现有效面试机制的关键步骤还包括确保每个人都认同他们正在面试的角色，以及该角色需要何种程度的技能。

对某些特定的角色而言，在不同公司之间，他们的工作性质差异很大，如工程经理、产品经理或架构师，这是导致面试失败的主要原因，为了防止这种情况，需要在每次对候选人复盘时强调对角色的期望值，以确保面试官得到"纠偏"。

我发现，就某一特定角色所需要的技能达成一致的理解，可能比任何人预想的要难得多，这需要花费大量时间与你的面试官就该角色的需求达成一致（这通常取决于工程管理、DevOps 和数据科学角色需要多少编程经验）。

通过信号找到合适的人

在你将一个角色分解成一定的技能和要求后，下一步就是将你的面试轮次分解成一系列面试时段，共同覆盖所有符合你的招聘要求的人所发出的信号。

通常情况下，每项技能都由两名不同的面试官负责，为的是在信号检测这项任务中保证人员富余，以防其中一项技能面试不能顺利进行。

不过，仅仅找出你想要的信号只是战斗的一半，你还需要确保面试官和面试形式确实能显露该信号。我发现了下面这些非常有效的面试形式：

- **就某一主题准备演讲。**与其一时兴起要求候选人对某个架构进行阐释，不如在面试前给他们一个提醒，你会要求他们就某个话题发表看法，时间为 30 分钟，这更接近于他们在工作中会遇到的情况。

- **在笔记本电脑上调试或扩展一个现有的代码库。**最好让他们在自己的笔记本电脑上操作。这比在白板上写一个算法更接近日常开发工作。一个适合的问题可以将对算法的考察融入其中，而不是直接对算法进行毫无意义的提问。（我面试过的一家公司让我为搜索邮箱实现一个全栈式自动建议功能，这需要实现一个前缀树，但面试官没有直接将它设定为一个算法问题。）

- **演示现有产品或功能。**最好演示他们将要开发的产品或功能。这个任务可以帮助他们更全面地了解你的产品，了解他们是否对你的工作有兴趣，也可以帮助你了解他们的反馈和评价。

- **角色扮演。**根据给出情境的脚本进行操作，如果你能让面试官接受这个方案，你就能让候选人做出更真实的反应，比如一起构建一个系统、对糟糕的表现给予反馈、主持一场客户会议，以及对客户进行培训，那么这个方案可能相当有效。

并不是说这 4 种方法你都要尝试，但你确实应该这样做，关键是要不断尝试全新且不同的方法，以提高你从不同候选者那里找到信号的机会。

在面试之前做好准备

如果你了解了你要面试的角色，也知道你的面试时段要搜索的信号，那么下一步就是准备好去寻找这个信号。在我看来，**毫无准备是面试的大忌，因为这表明你不珍惜候选人、你的团队和你自己的时间**。当我回忆起我走了大运被一个既粗鲁无礼又毫无准备的人面试时的情景，我先回忆起的是他的毫无准备，然后才是粗鲁无礼。

我也开始相信，面试的准备工作更多取决于公司，而不是取决于个人。那些对面试官进行培训、优化面试并保持每周可承受面试量的公司往往做得非常好，其他公司则不然。

由此可见，如果你发现你的面试官常常没有做好准备，这可能是一个结构性问题，需要你不断改进，而不是将其认定为你的面试官的个人失误。

确保候选人知道你对他们感兴趣

要确保你的候选人知道你对他们很感兴趣。我第一次接触到这个想法是在阅读兰德斯（Rands）的《你是我们想要的人》（*Wanted*）一文时，他在文中做了很好的介绍。但意想不到的是，很少有公司和团队会有意这样做。

在我上一次的面试过程中，有三家公司对我表现出特别的兴趣，而这三家公司最终都成为我认真对待的公司。每当你向候选人发出邀请时，让每名面试官给他们也发出一份留言，说他们很喜欢这次面试。到了这时，作为一个面试官很容易想要回到自己"真正的工作"中去，但要抵制在招聘完成前就要放弃的诱惑，当你在考虑是否应该接受一份工作邀请时，收到十多份积极的电子邮件是一种非常好的体验。

建立反馈机制，解决问题的关键

面试对任何相关人员来说都不是一种自然的体验。通过有意的练习，你会慢慢变得更加擅长，但也很容易养成不良的面试习惯（比如问一些类似脑筋急转弯的问题）或继续使用老旧的技巧（比如白板编码）。正如前面提到的那样，即使是优秀的面试官，在遇到面试倦怠或其他工作负担过重时也会表现欠佳。

所有这些问题的解决方法就是确保你在流程中建立反馈机制，无论是对面试官还是对面试流程的设计者都应如此。分析（将在下一节中讨论）对确定广泛的问题非常有效，但结对面试、实践面试、每周在从战略上参与招聘的所有人员间进行同步，最有助于积极改进流程。参与招聘的人可能包括招聘专员和工程经理，也可能包括其他人，具体取决于公司结构。

对于结对面试，让新的面试官先观察更有经验的面试官如何进行面试，然后逐渐承担更多面试工作，最终主导面试工作，而换作更资深的面试官在一旁观察。你的目标是为候选人创造一种一致性体验，也就是说，无论面试官是谁，候选人的面试体验并无太大差异。这种一致性对在其他地方久经面试考验的新雇员和初出校园的大学毕业生来说同样重要。

为了充分利用纠偏和反馈，在面试结束后，让每个面试官独立给出对候选人的反馈意见，然后两人一组对面试和候选人的情况进行讨论。

一般来说，我反对在小组复盘前闲聊某个候选人的情况，以减少之后的面试产生基于先前面试的偏见，但我认为出现这种状况也无可厚非，因为你们已经一起经历了相同的面试。另外，从某种意义上说，**公司内部就面试标准进行纠偏也会让大家在看待候选人时产生一致的偏见，这与你的团队中负责面试工作的人是谁无关。**

除了面试官获得反馈，主导或设计面试轮次的人获得反馈也很关键。获得反馈的最佳途径就在候选人反馈和面试复盘环节。

对于来自候选人的直接反馈，我已经开始在我的"主管面试"环节中询问每一位候选人，这个过程是如何进行的，以及我们可以做些什么来加以改善。尽管许多候选人在经历了 5 小时的面试后，并没有真正准备好回答这个问题（人们很容易进入熬过面试的状态，而不去对这个用来评估你的过程进行批判性思考），但他们的反馈通常出奇地坦诚。

更常见的机制是让招聘专员在一天结束时与每名候选人做一个简短的复盘。

这两种机制都很棘手，因为候选人往往已经精疲力尽，而且面试的权力机制也会对诚实反馈产生消极影响。也许我们应该开始主动要求每名候选人匿名填写一份关于他们面试的评估体验报告。

也就是说，开始收集一些反馈比尝试着在一开始便完善面试更重要。所以，现在就开始收集一些信息，并以此为起点。

优化漏斗，卓越面试流程的最后一个要点

一旦掌握了基本要点，构建一个长期保持健康的流程的最后一步就是在每个阶段对流程进行检测，比如人才寻猎、电话约谈、归家测试、现场面试、录用等，并随着时间的推移监控这些指标。如果你的寻猎推荐与直接推荐的比值下降，那说明你现在正面临一些问题（具体来说，可能是现有团队的士气有问题）。

如果你的录用率下降，有可能是因为发出的邀请不够多，也可能是你最好的面试官已经被面试折磨得精疲力尽，将候选人拒之门外。

继续关注这些数字并听取候选人的后期反馈，你就可以知道这个过程仍在正轨上，这样你的心就放下来了。

顺便提一下，我把优化你的漏斗——包括围绕你的流程建立明确的分析这个完整的过程，作为建立一个卓越面试流程的最后一个要点（见图 5-2）。

从典型的优化角度来看，你应该先衡量，然后优化，但在这里我给出了相反的建议。先优化而不是后优化绝对是合理的。事实上，我考虑过把这作为第一要务，而当上一次我建立招聘流程时，这是我做的第一件事。我认为，你还会发现如果不处理前 6 个优先事项，你的流程就无法大力发展，你的分析结果将指导你解决这些问题。此外，底层数据往往很差，而且很容易迷失方向，将周期花费在自动化检测流程上，而不是改进流程上。

总的来说，要做好面试工作，最重要的是要有足够的时间预算，并对你目前的流程的效率保持健康的怀疑态度。不断向前迭代，你的流程最终会成为一个优秀的流程。

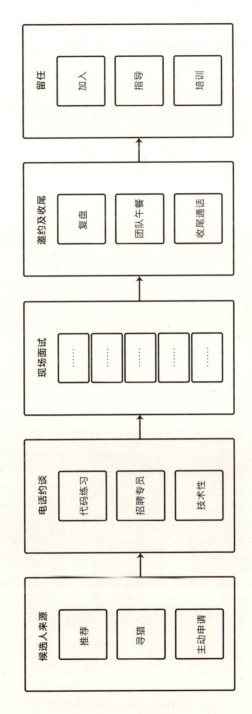

图 5-2 招聘漏斗的各个阶段

拉网式"寻猎"，招聘陌生人

　　候选人的三个最主要来源分别是你现有团队的推荐、在你的职位招聘页面上提交申请的入站申请者（inbound applicant），以及你主动带入你漏斗中的寻猎候选人（sourced applicant）。

　　小公司倾向于依靠团队推荐，而大公司则倾向于依靠寻猎候选人（见图 5-3）。大公司会跟专门的猎头合作，猎头是全职工作，通常是招聘专员职业阶梯的第一级。中等规模的公司处于这两极之间（特别是 Slack，已经做了一些有趣的工作来鼓励入站申请人。虽然 Slack 已经是个大公司，这类公司的候选人主要是通过寻猎和直接申请获得的，但我认为入站申请人不是 Slack 最大的候选人来源）。

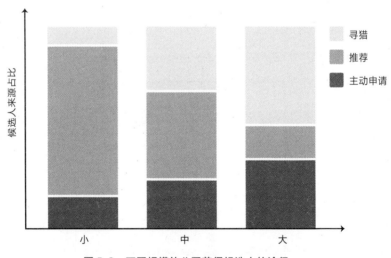

图 5-3　不同规模的公司获得候选人的途径

招聘团队往往更倾向于通过推荐来获得候选人，因为这类候选人通常有更高的通过率和接受率。在大多数处于早期阶段的公司，特别是那些没有专门的招聘部门的公司，员工主要由被推荐人组成。（一个值得玩味的提醒：最近我看到越来越多的第二类被推荐候选人，他们正在运行自己极其系统化的面试流程，目的是获得三家以上公司的邀约。因此，这些人对邀约的接受率往往要低得多。）推荐有以下两个主要的缺点：

首先，你的人际网络永远是相当小规模的，尤其是当你考虑到整个候选人才库的时候。这在你职业生涯的早期表现得尤其明显，如果你身处一个市场规模较小的行业或一系列小公司，极有可能工作很久也没能搭建一个庞大的人际网络。相对于总人数来说，个人网络很小（见图 5-4）。在你职业生涯的早期，在大公司工作的附加好处，除了知名度，就是人际网络。

图 5-4 狭小的个人网络

其次，人们往往有相对一致的人际网络，由同学或同事组成。通过在这些圈子里招聘，很容易形成这样一个公司，其员工的想法、理念，有时甚至外表都很相似。

向你的人际网络之外发展

许多招聘经理在他们的推荐网络开始枯竭，又或者他们希望为团队引入拥有更广泛背景的人才时，就会止步不前。然而，好消息是，有一种简单的解决方案——拉网式寻猎（cold sourcing）。**拉网式寻猎是一种在某些类型的销售中很常见的技巧，即直接与你不认识的人联系。**

如果你性格内向，一开始这可能会让你感到非常不安，你会被诸如"如果他们对我发的电子邮件感到厌烦怎么办""如果我是在浪费他们的时间怎么办"这样的问题所困扰。

这些问题很重要，我们有义务慎重思考如何介入他人的生活。起初我个人对这种担忧感到不知所措，但最终我认为这种担忧是毫无根据的。一份简洁、周到、对工作机会进行讨论的邀请，是一个机会，而不是冒犯，尤其是对于那些在领英（LinkedIn）等职业社交网站上注册的人来说。大多数人都会忽略你（这很好），其他人会礼貌地拒绝你（也挺好），少数人实际上会回应你（这更好），而令人惊讶的是，有很多人在 6 个月内没什么回应，然后突然出现，提到他们正在做的新工作，我还从来没有遇到过不怀好意的回应。

拉网式寻猎的另一个好处是，它非常直接了当。我将分享我所使用的方法，但要注意的是，我相信还有大量不同的方法可能更有效。图 5-5 展示了有三个层级的拉网式寻猎网络。将此作为一个良好的起点，跟踪你的结果，然后再进行试验！

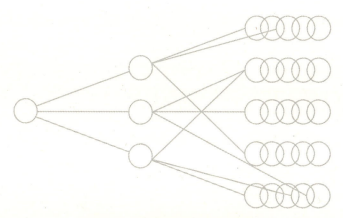

图 5-5   三个层级的拉网式寻猎网络

你的第一份拉网式寻猎配方

我进行拉网式寻猎的标准方法如下：

- **加入招聘网站，比如领英。** 我猜这种方法在其他网络（如 GitHub）上也能行得通，但挑战在于，其他网络上的人一般不希望参与应聘，而就业意向性会大大增加回应率。这里有一个很好的对比，就是搜索引擎广告和图片广告的对比，搜索引擎广告的点击率要高一个量级，因为候选人实际上正在搜索广告所宣传的内容。

- **通过关注你真正认识的人建立你的人际网络。** 添加所有和你一起上学、一起工作、在 Twitter 上有过互动的人。在你的网络中加入一些你认识的人是很重要的，因为这将增加你二级网络的覆盖面，同时也会减少人们将你标记为他们不认识的人的概率（这是被当作垃圾邮件的一个原因）。

- **要有耐心。** 如果你的初始人际网络很小，你很可能会经常被限流。一旦你被限流，你会收到一条类似"你已超出本月搜索限制"的信息，你将不得不等待几天，可能要等到下个月才能解除限制。或者，你可以注册他们的高级产品，这将大大加快人际网络的扩大进程。你可能需要几周或几个月的定期尝试（每周花费一小时），才能使你的网络足够大，使你能够在没有速率限制的情况下进行多次搜索。有趣的是，联系人的数量在 600 人左右时，你的人际网络很容易进一步扩大。

● **使用搜索功能找出可以建立连接的二级联系人。** 开始时，在你的二级网络中按职位名称搜索"软件工程师"或"工程经理"，随着你的网络不断扩大，你可以考虑把职位名称换成公司（你可以将各类大公司考虑在内，以便找到可供搜索的公司）。建立广泛的人际网络！即使有人你现在不接触，以后也可能会接触，或者在几个月后当你的招聘重点发生变化时，你可能会联系他们。如果你不确定，不妨先着手去做。

● **当有人接受你的建立联系人请求时，从他们的个人资料中获取他们的电子邮件地址，并发送一条简短有礼的信息，邀请他们喝杯咖啡或打个电话，借机分享职位说明的链接。** 尝试对不同联系人打造个性化信息的内容。（如果你找不到他们的电子邮件地址，请确保你在他们的联系方式和个人信息板块单击"显示更多内容"，并且他们是一级联系人。有些人根本不分享自己的电子邮件，在这种情况下，我建议不要在他们身上花更多时间。另外，你可以在领英上直接给他们发送信息。）我发现，为联系人量身定制信息内容没有想象中重要，因为人们大多会基于自己的情况而不是你信息的质量选择回应。（需要注意的是，糟糕的信息可能会让人们不愿意回应。反复阅读你的联系信息，并让其他几个有不同观点的人帮忙把关，是快速且高效的做法。）

你的联系信息可以非常直接：

嗨，他们的名字。

我是 × 公司的工程经理，我认为你会是 × 角色的最佳人选
（职位说明链接）。

你愿意在下周的某个时候喝杯咖啡或电话沟通吗？

祝好

你的名字

我认为可以这么直接！如果这看起来太直接，那就用更个性化或更复杂的东西进行 A/B 测试。值得注意的是，你最终会与一些现在根本不合适的人取得联系。这也没关系。我建议在他们接受你的联系人申请后，严格审查他们的资料，并对其适合性做出诚实的评估。如果你没有合适的人选，那也没关系。不联系是为了避免浪费候选人的时间。然而，我也认为我们倾向于过度对那些并不重要的品质进行筛选。在我看来，尊重候选人的时间是最重要的优化事项。下面是几点建议：

- **找时间与候选人喝咖啡聊天，并记住，即使你现在不能与之合作的人，也可能会在明年或下一份工作中与之合作。**特别是在硅谷，圈子非常小，你应该与每个人互动，就像他们会就是否在下一份工作中聘用你提供反馈一样（他们很有可能会聘用你）。对于这些电话或咖啡，你有两个目标：弄清楚候选人和角色之间是否能良好地契合，如果能，试着进一步让他们了解你的流程。对那些我们决定跟进的人来说，我发现最有用的三件事是：描述我个人为什么对我们正在讨论的公司和角色感到兴奋，解释我们的

流程是如何运作的（从我们开始聊天一直到他们收到工作邀请），然后留出足够的时间让他们提问。

● **每周花一小时联系更多人，并与已经联系上的人保持联系。** 这有时是一种磨炼，但这绝对是能够获得回报的做法。我发现这是一个能与同事一起做的绝佳活动！每周召开一次同事会议，将他们聚在一起寻找信息，聊一聊你的搜索进展如何。这也能帮助人们克服他们最初对拉网式寻猎的不适。

如果你已经通读了这篇文章，并且非常确信这种方法行不通，那么我认同你的观点——在我尝试之前，我同样确信它对我不起作用，只是浪费时间。但我慢慢转变了想法。同样重要的是要认识到，随着时间的推移，这种方法很可能无法很好地发挥作用。所以，可以尝试一些简单的方法，打消顾虑，然后尝试不同的方法。

跨部门的密切合作，是强大的招聘组织的清晰指标

同样，经常有人问，对工程经理来说，寻猎是一项高杠杆的工作吗？我认为是这样的，**候选者更愿意与将要管理他们的人聊天，而不是与在面试过程中那些大概率要成为他们同事的招聘人员聊天。** 同样，我认为这也是一个有价值的信号，表明管理者非常关心招聘，并将个人精力和注意力投入其中。

话虽如此，如果一名工程经理每周花在拉网式寻猎上的时间超过一小时（不包括后续聊天，因为这些会占用更多时间），我会谨慎地担忧。还有很多重要的工作要做，包括如何很好地完成招聘和评估候选人，还有许多与招聘无关的机会可以提供帮助。

此外，我想说，强大的招聘组织的一个最清晰指标是招聘部门和工程部门之间密切、相互尊重的合作关系。花一些时间进行拉网式寻猎，是对招聘专员每天所面临的挑战建立同理心的好方法，同时也是向与你合作的招聘专员学习的好机会！我们的工程部经理和工程部招聘专员每周都会召开拉网式寻猎会，这是一个很好的相互学习、产生共鸣，当然也包括开展招聘活动的园地。

招聘漏斗，有力的招聘诊断工具

大多数公司认为，他们受到资金、产品市场适应性或招聘的限制。关于这些方面有很多书籍，而这一节是有关招聘的一次探索。尤其是将探讨如何使用基本的招聘诊断工具：招聘漏斗。

招聘漏斗的 4 个关键步骤

招聘漏斗由 4 个主要步骤组成：识别候选人、激励他们申请、代表公司对他们进行评估，以及在他们加入时对招聘进行收尾。图 5-6 展示了招聘的各个阶段。根据你的特殊情况，其中一个乃至所有步骤有可能非常具有挑战性。

图 5-6　招聘的各个阶段

识别

候选人往往来自三大领域：入站、寻猎和推荐。增长较慢和刚起步的公司往往严重依赖推荐，而快速增长的公司往往已耗尽推荐源，因此严重依赖寻猎和入站。

- 入站是指直接发出面试申请的候选人。这些人看到你在招聘网站上发布的信息后申请了相应的职位。入站的候选人往往数量大、质量低。对拥有强大外部品牌的公司来说是个例外，这通常是强大的产品、声誉和推广的结果。

- 寻猎是你主动寻找和接触的候选人。最常见的方法是使用领英、去校园招聘，以及在会议和聚会上建立联系。

- 如果你的公司里有人认识候选人，比如候选人是他以前的同事或大学同学或朋友，那么可以让他推荐。这往往是小公司招聘的主要途径。在大多数公司，推荐是最有效的候选人来源，在面试中获得工作机会的比率最高。

激励

一旦你找到了考虑让其加入公司的候选人，你就需要激励他们来参加面试！一些公司更喜欢将这一阶段视为一种筛选，以剔除那些对工作缺乏热情的人，但我觉得这种方法并不十分有效。因为能留下的大多是那些展现热情的候选人，而并非真正对相应的职位抱有热情的人。相反，我发现最有效的方法非常简单。

- **让候选人与可能会共事的人花时间相处。**和他们见面聊聊，谈谈他们正在做的项目，让他们对相互学习产生兴趣。

- **清楚定义角色。** 告诉候选人他们将做什么，既要非常诚实又要有点乐观。也就是说，一定要对工作进行准确描述，但要努力找到描述工作的最佳框架。

评估

一旦你有了愿意考虑与你合作的人，下一个阶段就是要确保他们能成功加入你的团队。因为你要平衡好几个目标，其中一些目标还存在冲突。

- **确定性。** 你要尽可能地相信候选人会在你的公司获得成功。让员工离开可能会影响士气，而且需要很长时间才能恢复。

- **候选人的体验。** 你希望评估能让候选人更愿意加入公司，而不是适得其反。招聘漏斗最糟糕的结果之一是，你找出了那些你希望能加入公司的人，但他们对加入不再感兴趣。

- **效率。** 你也想尽量减少你的团队和候选人投入的时间。你如何看待这个问题会导致的严重失衡，例如，将任务带回家完成需要候选人投入大量的时间，而公司内部人员花在候选人评估上的时间却很少（好吧，反正原则上是这样，因为似乎大多数人觉得带回家的任务彻底审查起来相当慢）。

收尾

收尾类似于激励阶段，但区别在于，候选人接下来要做的决定关乎其生命中的数年时光，而不只是一天时间。从薪酬方案到福利，再到让他们感觉自己是被需要的，很多因素会影响他们的决定。因为这是最后一步，做好这一步对你的漏斗效率来说至关重要。

当你想开始启动你的招聘流程时，第一步是制订流程，让候选人以某种方式通过你的漏斗。

检测和优化招聘漏斗，让投入持续获得回报

一旦你定义了漏斗，第二步就是对它进行检测！这是采用正式申请人跟踪系统的最重要理由，该系统将为你的流程提供元数据。

自动化检测是非常重要的，因为它可以帮助你了解你的工作重点在哪里。 不同的公司擅长不同的方面，即使是同一家公司，随着时间的推移，也会在不同的阶段变得更好或更差。运行一个持续优秀的招聘漏斗的唯一方法是将你的关注点和精力放在漏斗的衡量指标上。

一旦有了指标，就将精力放在最有改进空间的地方。这看起来很简单，看看每个阶段投入的转化率。但每个部分的合理上限应该是什么，就不那么明显了。为了回答这些问题，与你的同行公司的基准进行比较，确实是获得有用信息的唯一途径。如果你不设定基准，就会发现自己在激励候选人面试、招聘收尾等方面的投入回报在递减。

每当你遇到招聘方面的挑战时，就从你的招聘漏斗开始，从那里系统地解决这个问题吧。

稍微调整，让招聘漏斗功能更强大

上述漏斗是最常见的类型，但我发现，几个小小的调整就会使它变得更加强大。与其将你的漏斗结束于收尾工作，不如再增加4个阶段（见图5-7）。

图 5-7　经过扩展的招聘漏斗

- **入职。**新员工需要多长时间才能熟悉工作？衡量这个问题非常困难，但因为你判断的是整个群体而不是个体的行为，所以有点混乱也没关系。选择一个生产力指标，也许是每周的代码提交量，看看新员工达到 P40 生产力需要多长时间。这是一个很好的衡量标准，可用于判断员工需要多长时间才能提升。

- **影响力。**你所雇用的人有多大的影响力？这同样也是一个很难衡量的问题，但你要了解的是趋势，而不是个体，所以不用担心。有一个相当不错的参考方法，是考察新员工入职以来绩效评级（performance rating）的分数分布。

- **晋升。**个体被聘用后，需要多长时间才能得到晋升？这对于了解员工在你的组织内是否拥有晋升机会很有帮助。

- **留任。**你所聘用的人是否会留下来？通过观察离开的人，这一点很容易追踪。然而，这是一个相当滞后的指标，因为人们通常入职几年后才会离开。不过，我认为这是一个需要追踪的基本指标。

并不是所有公司都这样扩展他们的招聘漏斗，但我认为这是非常有用的，对招聘流程进行重组，将它从一个事务性流程变成你公司的命脉。许多公司确实对在大范围内分享此类信息感到非常不安。没关系。这些确实是非常敏感的数字，但你应该确保有人关注它们。

建立绩效管理系统，打造包容性组织的切入点

管理层最神圣的职责在于为公司挑选楷模、确定提拔人选、决定谁要离开。在小公司，这些决策往往是临时商定的，但随着公司的发展，它们会成为绩效管理系统中的固定部分。许多管理者试图尽可能少使用这些系统，这是一种耻辱。如果你想塑造公司的文化，提升包容性或绩效，这是你最有价值的切入点。

绩效管理的方法数不胜数，但其中大多数方法由三个要素组成：职业阶梯、绩效考核指标和绩效周期。

- **职业阶梯**描述了个人在工作中可预见的发展。例如，软件工程师的职业阶梯包括初级软件工程师、中级软件工程师、高级软件工程师和主管工程师等几个阶段。

- **绩效考核**指标根据个人的等级和水平，对个人在特定时期的绩效进行评估。

- **绩效周期**为每年 1 次、2 次或 4 次，目标是布置连贯的绩效评定工作。

这些综合系统存在的目的是将公司的努力集中在有助于取得成功的活动上。这些努力的产出是向员工提供明确的反馈，说明公司很重视他们。

职业阶梯，有效的绩效管理系统的基础

有效的绩效管理系统的基础是职业阶梯，它描述了一个角色的预期行为

和责任。图 5-8 展示了几个角色的多层级职业阶梯。编写和维护每一个职业阶梯都耗费很大精力，如果试图将不同的角色归入一个共同的阶梯也会带来很大的弊端。

软件工程师	文档工程师	产品经理
初级软件工程师	初级文档工程师	初级产品经理
中级软件工程师	中级文档工程师	中级产品经理
高级软件工程师	高级文档工程师	高级产品经理
资深软件工程师		资深产品经理
首席软件工程师		

图 5-8　多层级职业阶梯示意图

我认为最有效的方法是对职业阶梯的激增持宽容态度，真正尝试为每个独特的职位设定阶梯，但只在特定的阶梯适用于更多员工时，才投入大量时间来完善它。根据经验，任何能容纳 10 人以上的阶梯都应该被充分完善，但较小的职能不必特别细化。如果你向担任该角色的人发出公开邀请，让他们来改进自己的阶梯，效果会特别好。顺便说一句，我强烈建议在聘用第一个人担任某个特定角色之前编写好一个轻量的职业阶梯，因为替代方案往往效果不佳。

减少维护阶梯固定成本的一个有效方法是为每个阶梯设立标准和共享主题。这不仅能减少固定的维护成本，还能使公司形成一套共同的价值观。

每个阶梯都由不同"等级"组成，这些等级描述了随着职级的提高，角色的责任和复杂性是如何演变的。阶梯、职能大小和职能年限不同，相应的等级数量也会有所不同。大多数公司似乎会从设立三个等级开始，随着时间的推移慢慢增加，可能每两年增加一个等级。对于每一个等级，你都需要指定价值观的期望值。清晰的等级边界减少了在考虑是否跨等级提拔个人时的不确定。

清晰的边界很重要，因为它们为那些在阶梯上的人提供了一个有效的心智模式，说明他们在职业生涯中所处的位置、同级都包括谁，以及他们应该将谁视为角色楷模。等级定义可以非常有效地定义你想加入角色模型的楷模行为，这些行为在一两年后将随处可见。

一个好的职业阶梯是清晰明确的。这些职业阶梯应该是独立的，而且很短。糟糕的职业阶梯则模糊不清，需要对先例有深刻的了解才能正确应用。如果绩效管理有一个组成部分是你要投入精力去做好的，那就把它变成阶梯，其他一切都建立在这个基础上。

绩效考核指标，职业等级表现的正式反馈

一旦你编写好了职业阶梯，下一步就是开始应用它们。最常见的应用方法是将其作为自我反思的指南，并在职业生涯一对一指导过程中使用，但你也需要以绩效考核指标的形式做出正式反馈。

绩效考核指标清晰地表明一个人参照职业阶梯的预期，在特定时期内的当前等级上表现如何。因为这些绩效考核指标是明确的，所以它们是防止公司和员工之间错误沟通的后盾。然而，如果明示的绩效考核指标与某人收到的隐性信号不匹配，则会引发关注和调试。

大多数公司一开始都使用单标度（single scale）来表示绩效考核指标，单标度的取值通常是 1～5 的整数。随着时间的推移，它们通常会朝着九宫

格的方向发展，即变成一个 3×3 的网格，其中一个轴代表绩效，另一个轴代表轨迹（见图 5-9）。在使用了许多系统之后，我更喜欢使用尽可能简单的表示方法。在更复杂的系统中，额外的旋钮对应更高的粒度，但我的感觉是，它们只是制造了一种严格的假象，在执行一致、公平方面依然具有挑战性。

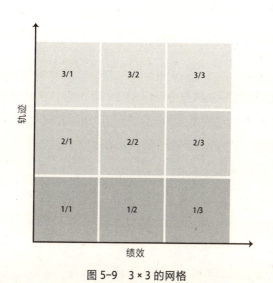

图 5-9   3×3 的网格

比评级标度更重要的是如何计算评级，典型的设置如下：

● 自我评审是由接受指标的个人撰写的。最好的形式是尝试明确地与他们适当的阶梯和等级进行比较和对照。我也看到了"自我鼓吹"的形式获得了良好的成功。

● 同行评审由个人的平级同事撰写，有助于识别可能会被忽略的指导带教贡献和领导力贡献。如果结构合理，它们也有助于识别你遗漏的问题，但你的同事通常不愿意做出负面反馈。

- 向上评审用于弄清楚管理者的绩效，包括直接受他们管理的个人的看法。形式类似于同行评审。

- 经理评审是由经理撰写的，通常包括自我评审、同级评审和向上评审。

通过这4组评审，你可以建立一个临时指标，然后将其用作纠偏系统的输入信息。纠偏是一轮轮绩效考核指标审查和评审，目的是确保团队、组织和公司整体的评级一致且公平。

一个标准的纠偏系统将发生在组织树的每一级。在避免多个环节引起的纠偏疲劳和确保进行纠偏的人员熟悉他们所从事的工作之间取得平衡，是相当具有挑战性的。在纠偏过程中，我们通常也要考虑晋升。

纠偏完全属于令人不快的事务，虽然很糟糕，但没有明显的替代品。如果做得不好，纠偏反倒会成为偏见和激烈政治化的堡垒，但即使每个人都心存善意，也很难将纠偏做好！我发现一些规则对纠偏很有用，罗列如下：

- **共同追求一致性。**试着把纠偏会议组织成一个由同事组成的共同体。引导他们不要停留在他们加入会议时带来的考核指标上，而要转向共同探索。做好这一点，需要让纠偏人员在心理上获得极大的安全感，这需要在他们进入房间之前长期培养。

- **阅读而不是介绍。**许多纠偏系统在很大程度上取决于经理是不是高效、简洁的演讲者，相比于工作表现，这可能成为影响个人考核指标的一个更重要因素。不要让经理在房间里推销他们的候选人，而是让每个人都阅读经理的评审。这仍然取决于经理的准备工作，但它减少了参加纠偏会议时在会上的表现压力。

- **以阶梯而不是其他人为参照。**员工之间的比较往往会引入错误的对等关系，而不会让事情更为清晰。我们应将注意力集中在阶梯上。

- **研究分数分布，不要强制执行。**经验显示，许多公司都将考核指标与固定曲线相匹配，这通常被称为员工排名制度（stack ranking）。员工排名制度是一个糟糕的解决方案，但它试图解决的问题是：随着公司的发展，给定的考核指标的含义很容易出现偏差。我发现有用的做法是审查不同组织之间的分数分布情况并讨论为什么它们出现了偏差。这是组织有意为之的结果，还是考核指标的含义有偏差？

有点出乎意料的是，绩效考核指标本无意成为处理不良绩效的主要机制。

相反，对表现不佳的反馈应该立即传达下去。等待用绩效考核指标来处理绩效问题，通常是管理上的一种回避。尽管如此，它确实是确保这类问题得到解决的有效后盾。

设定合理的绩效周期，确保考核指标公平且一致

一旦你对职业阶梯和绩效考核指标进行了定义，你就需要一个流程来确保考核指标是以一致和公平的方式定期计算的。这个流程就是你的绩效周期（见图 5-10）。

大多数公司的绩效周期都是一年或半年，尽管将绩效周期设置为一个季度的情况也不是没有出现过，但并不常见。运行一个周期的开销往往相当大，因此公司不太可能经常这样做。相反，来自绩效周期的反馈往往是非常重要的，因为反馈是个人非常关心的因素，如薪酬等主要输入信息，所以也有反作用的压力使得我们要经常进行绩效周期管理。

图 5-10　绩效周期

　　我所看到的使绩效周期有效的最重要因素是迫使员工去实践。提供结构良好的时间表是非常有帮助的。如果它们很简洁的话，效果会更好。但在这些时间表中，往往存在太多相互竞争的需求，因此人们会尽可能不去浏览它们。

　　让团队进行一轮练习，至少对新的经理或者对修改后的周期来说，这是我发现的唯一有效的解决方法。你通常可以把这种做法作为一个机会，让人们得以在自我评审中得到反馈，确保他们觉得有用，即使他们最初持怀疑态度。

　　此外，在尽快改善周期和让周期稳定下来以便人们能够熟练使用之间，存在着一种有趣的矛盾关系。我的感觉是，你每次最多改变一个周期。这让每个人都能完全适应，也让你有足够的时间观察变化的效果。

　　这些只是设计绩效管理系统的一些基础知识的小小探索，这里面学问大着呢。从大多数公司适应的常见结构开始是很有价值的，但不要被它们所束缚。这些系统中有许多都是最近才发明的，它们为员工及对应的公司之间的理想关系提供了特别且奇特的视角。

　　如果你想了解更多，推荐阅读拉斯洛·博克（Laszlo Bock）的《工作规则》（*Work Rules*）。

职业等级、指标动量、等级划分，绩效管理的三个要点

绩效管理系统的基础知识可能有点令人乏味，真正有趣的是，当你开始设计和运行这些绩效系统的时候，当有很多真实的人参与时，一些小瑕疵和意外的偶发事件就开始登场。

这类话题特别能引起我的兴趣，因为它们完全属于计划之外的范畴，但随着公司规模的扩大，这类话题对应的情况会不断出现在所有公司中。

因为这些问题总是不断出现，所以我们应该做好应对它们的准备，而不是被杀个措手不及。出其不意是绩效管理的主要问题，它们往往会在管理者职业生涯的早期给他们带来一堆麻烦。希望这些笔记能帮助你在这片情况复杂的"水域"中游刃有余。

指标动量（designation momentum）这个术语是指绩效管理过程的自然趋势，即尽管绩效发生了变化，但仍然会对同一个人做出相同的评估。如果你获得了良好的评价，这将是一个令人兴奋的现象，因为这意味着你有可能会继续得到这样的评价。但我出乎意料地发现这降低了高绩效员工的积极性，因为他们想要的是对自己工作有一致、直接的反馈，以便不断改进。不出所料，那些获得差评的人会觉得这种现象相当令人沮丧，尤其是因为这让他们很难弄清楚这是之前问题的滞后评价，还是他们的表现持续不佳。图5-11展示了绩效考核指标与考核指标数量之间的关系。

许多员工完全依赖他们的经理来指出一条逐步实现高绩效的道路。这只有在指标动量带你朝着你满意的方向发展时才有效。如果不是，你需要为获得成功积极参与绩效考核指标的制订。

向你的上司提出一套明确的目标，并一起迭代，对实现目标的期望明确达成一致。这些目标要设置得有一定难度，这样你的上级才能在纠偏阶段成

功地向他的同级诉说过程中遇到的困难。

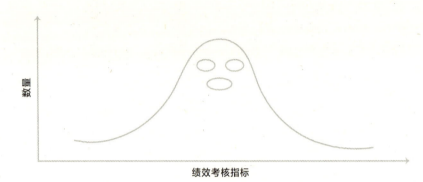

图 5-11　绩效考核指标与考核指标数量之间的关系

　　如果你的上司对你的目标的艰巨性持保留意见，可能是因为他们觉得自己的同级会对目标的困难程度发起质疑。这并不意味着你的计划不够困难——它很可能是非常合适的，但这也确实意味着你必须努力帮助上级解释为什么这些目标是合适的。

　　指标动量面向的是个体，但有时它也会面向团队和组织。对处于这种情况的团队来说，设定明确的目标是一个良好的开端，但也有必要与平级同事和领导层就工作的重要性达成一致。作为领导者，你的工作是用组织理解且欣赏的语言来解释为什么你的工作是重要的。这能很好地说明，如果不这样做，将要付出长期的代价。

　　以牙还牙。没有强有力的程序和公正裁判的纠偏系统可能会退化为针锋相对的利益交易。在纠偏过程中很少看到主动共谋的情况。相反，最常见的情况发生在人们沉默而不是提出担忧的时候。这种沉默似乎是善意的，但事实并非如此，它将一致结果的所有责任推给了纠偏过程的仲裁人。

　　鼓励参与需要纠偏裁判员树立行为榜样，但更重要的是，这取决于在共同参与纠偏的人之间建立起心理上的安全感和信任。

等级扩张。随着公司成立的时间越来越长，不可避免会增加等级以支持职业发展。即使公司的规模保持不变，这种情况也会发生，而且主要是由公司的年龄而不是规模决定的。这经常是由一小批最高级的管理者所推动的。

如果一家公司经历了特别频繁的等级扩张，通常预示着晋升、薪酬或褒奖与你的等级系统有着过度的联系，你应该确定一些机制来减轻升级的压力。培训和教育在此处很有用，因为可以让人在分配重要项目时变得更有条理。

通常会导致等级扩张的情况还包括从其他公司（通常是老公司）聘请了职级非常高的管理者。这些人曾随着公司日益成熟而受益于等级的扩张，他们很难从地位、报酬和认可混合而成的那杯令人陶醉的"鸡尾酒"中走出来。

等级偏移。因为等级扩张的驱动力通常来自职业发展的需要，而并非为了引入客观上显著的成就，所以在顶部增加的等级会对现有的等级产生向下的压力。**对某一等级的期望值会随着时间的推移而降低 。**

这种"通货膨胀"感让人很不舒服，因为我们经常依靠稀缺性来确定价值，但公司根据等级偏移而调整薪酬的情况非常少见。因此，在实践中，这是一种水涨船高的趋势。从公司的角度来看，重要的是明确地管理等级偏移，这样就有可能一致地应用这些转变。

打开闸门。等级扩张和等级偏移相结合导致了一同加入公司的人同时提升等级的情况会周期性爆发，这种情况最常发生在等级扩张后的一两个绩效周期内。

作为一名管理者，你需要与你的平级同事协调，以确保你们以一致的方式一起打开闸门。人们很容易错过这些时刻，但如果你真的错过了，可能会在无意中导致某些人脱离他们自然形成的同级群。你通常可以在随后的绩效管理周期中解决这个问题，但你将错失指标动量。每一个绩效周期结束后，花一小时试着猜测下一次闸门何时开启，并与你的平级同事进行讨论。

职业等级。对每一个角色，都设定一个特定的角色等级，大多数人的发展应该都不会超过这个等级。随着时间的推移，这往往会导致该角色出现人员过剩的现象，人们的等级将集中分布在职业等级上，而典型的目标分布应集中在中等等级上。

等级时间限制。还没有达到职业等级的员工应该以稳定的速度向职业等级迈进。在绩效管理看似合适但没有发生的情况下，等级时间限制通常被当作一种后备方案。我的经验是，大多数公司都有等级时间限制，但有许多其他方法可以实现同样的目标。这种限制作为整个系统的一部分是有用的，但在许多配置中并非必须。在这里，我发现唯一可以预见的重要一点是，在应用它们的方式上保持一致。

等级划分。随着时间的推移，职业等级发生等级偏移是很常见的，这将导致已到职业等级最高期望值的员工，以及最近达到期望值的员工越来越多。**考虑到由于员工对较高的职业等级的期望值大大提高，向上流动仍然是难以实现的。**许多公司决定进行等级划分：将职业等级一分为二。

这使得不同的群体可以停留在不同的等级上，并延长了大多数员工的职业发展通道。不太明显的是，**这种划分往往使通向高于职业等级道路上的"护城河"进一步加固。延伸的"护城河"挡不住那些已经走到边界上的人。**妥善安排这些人很容易，但"护城河"绝对会减缓那群离提升等级还有一年左右时间的人的升级速度。

危机指标。这也被称为以留任为目的的考核指标。有时，公司会发现自已处于困难的境地，他们认为关键的个体甚至关键的团队处于危险之中，而解决这些问题的工具之一，是通过提升绩效考核指标来认可这些个体的重要性。这些都是暂时的，但它们往往会永久性地重置期望值，牺牲绩效体系的长期有效性，以应对短期困难。有时事情会变得非常困难，如果是这样的话，那么就使用你所有的工具，但如果可能的话，一般尽量避免这样做。

说到绩效系统在实践中如何运作，而不是在设计中如何运作，肯定有数百个更有趣的话题。虽然这些系统看起来很简单，但我每次经历一个绩效管理周期时都会学到一些新的东西，我想这也是一个广泛的共同经历。

在创建新岗位之前先研究 4 个问题

人们有时会惊讶于我最初是一名前端工程师。这可能是因为我对基础设施非常了解，超出了大多数前端工程师的水平。但也有可能是因为我的设计审美太差了，完全不像前端工程师。在我的前端工作经历中，有一点让我记忆犹新，那就是感觉自己被当成了二线工程师，同事们都不愿意做任何前端工作，而是小心翼翼地把它归类为琐碎的工作。在此后的十年中，浏览器的兼容性和 JavaScript 工具有了很大的改进，今天的前端工程师在蜂巢式、微妙的角色等级制度中占据着令人尊敬的地位。

虽然情况发生了改变，但角色的等级制度仍然存在，这在有人提议为一个新角色创建工作说明或职业阶梯时最为明显（见图 5-12）。我一直在考虑是否要为站点可靠性工程师（Site Reliability Engineer）创建一个专门的职业阶梯。

阶梯	软件工程师					产品经理					技术产品经理					站点可靠性工程师				
等级	1	2	3	4	5	1	2	3	4	5	1	2	3	4	5	1	2	3	4	5

图 5-12　不同职能的等级分布

　　这个问题对我来说很重要，因为我有机会为优步的站点可靠性工程师这个角色的初始迭代进行设计，虽然我认为设计得相当不错，但本来还有很多方法可以让它更为顺利。面对是否再来一次的决定，我的第一反应是冷静下来，想想什么方式会让这个角色起不了作用。在一段时间里，我一直在努力解决这个问题，但我仍然感到矛盾，并决定要更系统地做出这个决定。我已经在这里写下了我思考的结果，总共有 4 个要深入研究的有趣问题。

- 这些角色会陷入什么样的陷阱？

- 如果我们决定创建一个角色，我们如何为他们的成功做准备？

- 创建角色的好处是什么？

- 综合以上因素，你应该什么时候开始创建新角色？

　　此外，创建一个新角色仍然是一个困难的决定，但我们将有一个框架来帮助实现。

推出新角色的 4 个挑战

我在推出新角色时主要遇到了如下挑战。

层级制度。 人们常常把新角色看得不那么重要，将其定义为服务角色，以吸收他们不感兴趣的工作。

有时，这些角色甚至被明确设计成这样，目的是为另一个角色减少工作量，而并不拥有自己的授权任务。

脆弱的组织。当你从一般的角色转而向专家发展时，一个意想不到的结果是你的组织反而有了更多的单点故障。 曾经团队中的每个人都能相当有效地完成所有任务，现在如果你的项目经理离开，你会发现没有人能够担起这个角色的全部责任。这种脆弱性在结构变化频繁的组织中尤为突出。

模式匹配。 为你的组织设计一个新的角色往往涉及几十项重要的决策，以使其与你的需求保持一致。可惜，人们通常不会花太多时间去了解这些区别，而是会根据他们在其他地方看到的角色进行模式匹配。这是一股强大的作用力。有相当一部分人会避免采取任何步骤来了解该角色的功能，他们只是阅读文档或是询问方法，并对该方法没能像在前一家公司那样奏效而感到惊讶。

甩开任务。 当一个新的角色被创建时，角色的设计者对新角色该如何工作有非常明确的预期。但许多人并不特别关心创建者的初衷，只是把它看作一个机会，可以借机将自己认为具有挑战性、困难或无趣的任务甩给他人。

这可能会导致新角色立即被大量工作淹没，对试图扩大组织规模的领导者来说，这看似成功。然而，对那些担任该角色的人来说，这情况很容易令他们感到沮丧，往往又对应以下 5 种情况。

角色太"无关紧要"而不被重视。 许多角色一开始承担的是那些被认为无趣，被其他角色当作包袱甩开的工作，因此，担任该角色的个人往往也会认为该项工作无关紧要。这通常会导致新角色努力想让自己的影响力被人们认可。

角色太"无关紧要"而无法晋升。 与上述类似，你经常会发现，新角色所做的工作在人们看来很具有影响力，但在择优晋升时，尤其是想晋升至职业等级以上时，会被视为不具备足够的"战略性"。如果个人想要获得更高层次的成就，可能会被迫改变角色。

岗位编制盘点的障碍。 公司最终会发展出一系列神秘的仪式，通过这些仪式，一系列电子邮件、会议和行话转化为年度岗位编制盘点计划。这些系统的设计非常合理，用于支持大量现有角色的需求。因此，它们往往会导致一个新角色获得岗位编制变得相当具有挑战性，特别是当它与现有需要扩展的职能发生冲突时。

需招聘稀缺人才。 出于各种原因，人们希望为新角色招聘的第一批雇员能够成为楷模。这往往会导致对候选人的要求的泛滥，直到任何候选人都无法达到标准。

无力评估。 这几乎与上面的挑战相反，有时现有的组织对他们想要创建的新职能缺乏经验，以至于他们根本没有可用的方法来评估候选人。这可能会导致评估集中在素质上，而这些素质在很大程度上与候选人接受这份工作后会做什么无关。

6 个手段确保成功创建新角色

如果我们确实想创建一个新角色，那么很重要的一点，是我们需要做些什么来让这个角色中的员工获得成功。我发现，想要引导一个新角色，让它获得成功，必须满足以下几个要素：

执行赞助人。这个人不一定是总经理，但你需要找到一名位高权重的领导，从而确保新角色的成功。特别是在最初的绩效管理周期和岗位编制盘点周期，这一时期容易出现一些小瑕疵，需要重要的组织支援来指路。找到一个能够提供必要支持的赞助人，这是创建新角色时最明显的限制因素。如果你找不到赞助人，通常重要的反馈是，领导层不相信投入新角色的精力会获得良好回报。

招聘伙伴。一个新的角色需要招聘组织的大力支持才能成功。每个被招聘的角色都有很高的固定成本，增加新角色会使招聘专员难以达到衡量其绩效的目标。确保你的招聘团队能够为一个新的角色提供支持！如果他们不能，第一步可能是与你的执行赞助人合作，为招聘增加更多人员的编制岗位数。

自我维持的任务。新角色的职责通常被描述为它们对其他职能的影响，而不是它们将完成什么任务。例如，技术项目经理的说明可能是从工程经理那里接过项目管理的责任。这种方法将这个角色定位为一个辅助性、支援性的职能，这使得人们很难认识到这项工作的影响。你必须能够在不参考其他现有角色的情况下确定该角色的职责，从而使其获得长期成功。

职业阶梯。在几乎所有情况下，新的角色从一开始就应该有一个职业阶梯。职业阶梯是绩效管理系统成功的基础，如果没有一个缜密规划的职业阶梯，我们就不可能对一个角色进行连贯的评价和评估。有时，人们会在列出职业发展阶梯之前就急于招聘，但设计一个有效的面试环节所需的工作大致相当于列出一个职业发展阶梯，所以我发现，跳过这一步，看似省事，实际却费事了。

角色楷模。谁将是这个角色的外部和内部楷模？一个好的榜样是你职业生涯阶梯意图的人性化体现。你希望有一个可以参照的人。

专门的纠偏。大多数绩效管理系统都依赖于一个纠偏系统，以确保绩效指标以一致的方式在团队和角色之间分配。有时，管理者试图在一次会议中对不同的角色进行纠偏。这就导致许多较小的角色常常事后才被想起来。通常情况下，这些指标会在没有经过深思熟虑的情况下获得批准，或者被推向中心。这两种情况都不能为担任新角色的个人创造一个有用的反馈机制。最好的办法是为每一个角色召开一个专门的纠偏会议。如果这行不通，次优选择是把所有的小角色放在一起考虑，以便各种形式的专门贡献可以被充分考虑到。

创建新角色的 6 个优势

如果创建一个新角色要花费大量成本，要面对各种挑战，那么我们很容易就会打退堂鼓，但是其实创建新角色也有相当大的优势。

效率。这是脆性组织的另一面，担任专业角色的人能够花更多的时间完成一系列较小的任务，从而在该领域获得丰富的专业知识。对于现有角色需要花费大量时间的领域，这种专门化的效率可以转化为显著扩大的总体规模，而无需增加员工编制数量。我认为这是最重要的优势，对处于发展中受财政资源限制的团队或公司（大多数公司的大多数团队）来说，这特别有价值。

高效地解决限制因素。这是上述效率优势的拓展，但又和效率有细微的不同，有了专家，你可以增加你恰好缺少的那种能力，这对有效解决限制因素是非常有利的。如果你的组织在项目管理方面带宽很低，你可以增加 5 名新经理，他们每个人都可以承担一部分，或者你也可以增加一名项目经理，他单独增加的相关带宽和 5 名经理的总和一样多。

认可。简单地创造一个新的角色绝对不会使人们突然开始重视他们以前不重视的工作,但它可以成为这种转变中的一个有用的促成部分。特别是它将提供额外的结构性机制来支持认可,如独特的职业阶梯、纠偏会议,甚至薪酬结构。

评估优势。对专家进行有效的面试往往是一个挑战,因为你通常会根据他们在你的多种岗位上的表现来评估他们,而忽略他们独特的优秀领域。创建一个新角色可以使面试过程针对最重要的领域。

增加招聘池。你现在可以考虑在你的招聘漏斗中增加一个新的候选人才库,这可能会扩大你可以考虑的候选人总数。

专门的薪酬。在某些情况下,专家的市场薪酬明显高于普通人,在这种情况下,如果没有专门的薪酬等级,雇用专家往往是相当困难的。

创建新角色的 7 个决策指导

一旦你熟悉了配置新角色所面临的挑战和成本,剩下的就是考虑其优势并做出快速的判断。好吧,实际上这仍然是一个相当难做的决策。下面是可以指导这个决策的一些思考。

- **是否有一种不那么极端的方式来解决认可的缺失?**也许你可以选择调整现有的职业阶梯。

- **你有计划改变公司对工作的评价吗?**创造一个新角色不会从本质上改变公司对这项工作的重视程度,你仍然需要努力扩充公司的价值观。

- **如果你有一个改变公司价值观的计划，你能在引入新角色之前试一试该计划吗？** 对于你试图帮助的人，这有助于把控实验风险，而且更容易启动。

- **该职能是否已经在不知不觉中存在了？** 有时你会发现，角色已经出现了，与其说你是在制造一个新的职能，不如说是对一个现有职能的认可。

- **这是否会增加短期内的绩效，但最终会损害选择了新角色的员工的职业发展？** 如果处理不当，创造一个新角色有时一开始会让人感觉到进步，但最终会使员工大大退步，并且他们以后仍需过渡到其他角色。

- **受影响的人数是否足够多？** 价值的认识差距是否很大？能否支付创建和培养新角色的可观成本？

- **谁来支付新角色的维护费用？** 如果答案是由你个人支付，那么如果你离开，由谁来接手？

通过这些思考，希望能让你解决问题的思路更清晰一些。这里有一个经验法则：如果一个新角色能立即覆盖 20 个人，我总是会创造一个新的角色；如果在两年内覆盖 20 个人，我将勉强去创建；我会对创造一个不能满足这两个条件的新角色持怀疑态度。

通过结构性和创造性设计一个面试轮次

所有翻阅过盖尔·拉克曼·麦克道尔（Gayle Laakmann McDowell）所著的《破解编码面试》（*Cracking the Coding Interview*）的人都知道，为一个

新角色评估候选人是一门粗浅的科学。大多数面试官对他们面试的准确性持怀疑态度，而且在回顾大多数面试的时候，面试官都不太确定他们是否在候选人身上捕捉到了足够多符合招聘标准的信号。

尽管对面试的准确性持谨慎态度是有根据的，但我越来越相信，一些结构性和创造性就能形成一种能够清晰表明候选人能否胜任该角色的面试机制，也促使面试官能以公平和一致的方式做到这一点。

我所使用的设计面试机制的方法如下：

衡量指标第一。在你对招聘漏斗实现自动化检测之前，不要开始对新的面试轮次进行设计。没有衡量指标数据，很难对你的面试轮次进行评估或提升，所以不要在没有这些数据的情况下进行改进。

理解当前轮次的绩效。花点时间来确定你认为当前流程中哪些地方做得好，哪些地方做得不好。

以下三个方面是有用的：

- **漏斗性能。**在你的漏斗中，人们在哪里被筛掉？你的漏斗与类似公司的同行相比是怎样的？

- **员工的轨迹。**对于你所雇用的候选人，了解他们的工作表现与他们面试表现之间的关系。哪些因素与成功密切相关，哪些因素似乎过滤了那些最终无助于工作表现的内容？

- **候选人复盘。**试着和所有经过你的流程的人安排通话，尤其是那些中途退出的人。

向同行学习。就你想要评估的角色与那些在其他公司进行过面试的人聊聊。这并不意味着你要完全照搬他人，而是对现有的做法进行调查。

找出角色楷模。 为该角色写一份理想人选的清单，并写下他们理想的原因。仔细考虑一下，有助于避免在一组不那么多样化的楷模中进行特征的匹配。

确定技能。 根据你设定的楷模和职业阶梯，确定一份技能清单，这些技能对于候选人在他们将要面试的角色中取得成功至关重要。花点时间按重要性将这些技能降序排列。

测试每项技能。 针对每项技能，设计一个测试来评估候选人的优势。只要有可能，选择让候选人展示其优势的测试，避免那种让他们进行口头叙述的形式。例如，我们进行了一次面试，候选人描述了他们建立健康团队的经历，我们可以用另一种面试方式代替，比如向候选人展示组织健康调查的结果，要求他们找出问题并指出如何解决这些问题。

不要测试候选人已熟练掌握的技能。 许多面试者会在无意中测试候选人已熟练掌握的技能，而不是某项独特的技能。这在要求候选人描述工作经历的经验性面试中尤其如此，而在要求候选人展示技能的面试中则不太常见。这并不是说你不应该刻意测试候选人已熟练掌握的技能，因为这样做是相当有用的，你只是不应该在无意中这样做，而是应该针对这项测试事先做好安排。

每个测试都有一个评价标准。 一旦你确定了你的测试，就列出一个评价标准来评估每项测试的绩效。好的评价标准包括明确的分数和达到每个分数的标准。如果你发现很难找到一个有用的测试准则，那么你应该寻找一个更容易实现的测试。

避免布尔型 [①] **评价标准。** 有些测试倾向于得出布尔型的结果。例如，某

[①] 布尔型变量只有两个值，true（真）和 false（假）。这里是指过于绝对的测试。——编者注

人是否有管理他人的经验就能充分代表一个常见的布尔型筛选准则。这类测试很低效，因为你很快就能知道人们在这一项上是否符合你的要求，而面试的剩余的部分却不能提供更多信号。同样，你总能在求职者的简历或面试前的预筛选中得到布尔型问题的答案。

将测试在面试中分组进行。一旦你确定了该进行什么样的测试，就把它们分成几类，可以在一场 45 分钟的面试中，或者其他任何你希望的时间段一起进行。在一场特定的面试中，测试的形式和主题越有凝聚力，候选人就会感觉越自然。

运行轮次。现在你已经设计好了一个完整的面试轮次，是时候启动了（见图 5-13）。尤其是在早期，你应该问问候选人哪里做得好、哪里做得不好。你最好一直这样做下去！每次复盘都会发现一些机会来改进你的评价标准或测试。

审查招聘漏斗。在你运行新的面试轮次 10～20 次后，审查漏斗指标，看看它是如何运作的。看看有些面试的通过率是不是太高了，有些面试是不是又太难了。分批检查结果。

安排一次年度刷新。当迭代的初始速度减慢时，安排一年的回顾，在那时，你可以问问自己，这个轮次是否对你的需求有效，或者你是否应该重启流程！

此时，你有了一个完整的面试轮次，以及引导轮次向着改进方向发展的系统。除此之外，以下是一些更通用的指南：

尽量避免由委员会进行设计。这几乎总是导致渐进式的变化。最好是由一两个人组成工作小组，然后对一堆候选人进行测试以获得反馈。

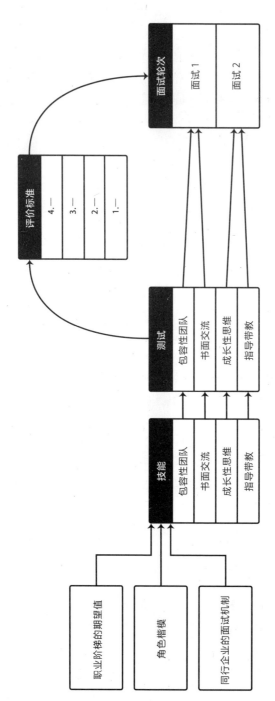

图 5-13　设计一个面试轮次的步骤

不要因潜力而聘用。 因潜力而聘用是产生偏见的主要因素，应该尽量避免。如果你决定将潜力考虑在内，那么就花时间为潜力制定一个客观的标准，并确保它所挂钩的信号始终是可发现的。

利用你的职业阶梯。 编写一个伟大的面试轮次几乎等同于编写一个伟大的职业阶梯。如果你已经为这个角色写下了期望值，那么尽可能地重复使用这些期望值。

少对面试进行迭代。 当你第一次创建一个面试时，你应该花时间迭代面试形式，但是在你做了大约 10 次之后，变化率应该下降到接近 0。

多对评价标准进行迭代。 当你尝试应用面试评价标准时，你会持续发现其中的瑕疵和模棱两可之处。继续将这些纳入面试评价标准是减少偏见的重要方法。

A/B 测试机制。 有一种柏拉图式理想情况，即使用我们用来测试其他变化的标准机制来测试新面试，比如 A/B 测试。在某种程度上，我认为这是最好的方法。到目前为止，我所在的公司有足够的容量，可以有效地进行此类测试。但这些测试成本高昂，因为需要面试官拥有控场能力，并让面试官接受两组面试的培训，最终需要很长时间才能使他们确信新的面试轮次更好。

招聘委员会。 作为 A/B 测试之外的另一种选择，我发现设立一个集中的招聘委员会来对每个候选人的面试经历进行回顾，对于识别新轮次中的趋势非常有价值。说得更通俗一点就是，这种方法有助于引导整个过程走向一致和公平。

把我在设计面试机制方面的所有经验总结成一句话就是：避免重复使用你知道不起作用的东西，而是从基本原则出发创造性地处理问题。然后，根据它们在候选人身上所起的作用不断迭代。

直线管理、中层管理、组织管理，
运营不断壮大的组织的三大工具

　　管理中的一个难题是，既要不拘小节，让人们进行创新，又要考虑细节，使工作与公司的价值观保持一致。为了从不同的角度针对不同团队来看待这一挑战，我收集了一些促进平衡的工具，以及一个用于推广这些工具的宽松框架。图 6-1 展示了一个经过扩展的组织流程。

　　下面是流程推广的一些注意事项。

- 团队和组织对新流程的容纳量非常有限；试着一次推出一个变更，在前一个变更符合要求之前不要推出下一个变更。

- 流程需要适应环境，而成功源于将其与你的特定环境相融合。

直线管理

　　在你的团队达到三名工程师的时候，你会想要运行一个冲刺流程。图 6-2 展示了部门经理的组织结构图。有许多运行冲刺的成功方法。尝试一些，看看什么能引起你的共鸣。

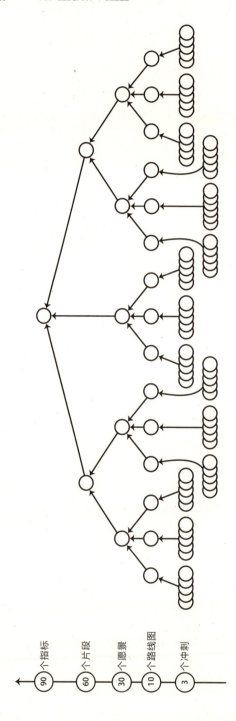

图 6-1　组织流程扩展

90 个指标

60 个片段

30 个愿景

10 个路线图

3 个冲刺

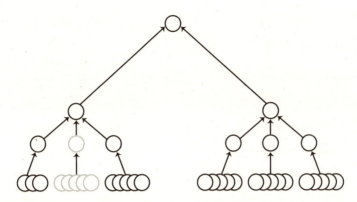

图 6-2　部门经理的组织结构图

注：灰色部分代表职责范围。

我用来评估一个团队的冲刺是否运作良好的标准如下：

- 团队成员知道他们应该做什么工作。

- 团队成员知道为什么他们的工作是有价值的。

- 团队成员能够确定他们的工作是否完成。

- 团队成员知道如何找出下一步的工作内容。

- 利益相关者可以了解团队正在进行的工作。

- 利益相关者可以了解团队下一步的工作计划。

- 利益相关者知道如何对团队的计划施加影响。

我的同事达文·伯根（Davin Bogan）常说"发货是一种习惯"，而一个运行良好的冲刺既可以帮助团队建立这种习惯，也可以作为一种机制，在尚未达到这一目标的团队中创造可见性。作为团队的直接管理者，你可以利用这一点来关注那些可能没有成功提升的个人，而当你进入中层管理时，冲刺对于在组织内进行调试非常有用。

在你的冲刺过程中，你的积压事项特别重要，它是你用来与你的利益相关者协商改变方针和优先级的丰富接口。**讨论我们接下来应该做哪一件事总是比讨论某件事是否值得做更有趣。**随着你的团队规模越来越大，与你合作的利益相关者的数量越来越多，你也会想要制订一个路线图，描述你在未来3～12月的高级计划。规划本身并不创造价值，所以目标是让你的路线图尽可能简短，并允许团队协作。

最初，你的积压事项和你的路线图之间的区别可能相当小，你的积压事项更详细一些，路线图看起来更长远一些。两者兼备的价值在于，这让你能够将积压事项专门化，使其对你的团队更有作用，并在此基础上设计路线图，使其对你的利益相关者更有用，而不应该依赖单独的工具来同时完成这两件事。

此时，大多数团队将跟踪运营指标，重点是跟踪日常用户和系统行为。这些指标往往只专注于帮助团队运营，尤其是检测停机、回归和其他中断。

中层管理

当你进入中层管理时，你将对2～5名部门经理负责。图6-3展示了中层经理的组织结构图。因此，你需要从日常的执行工作中抽身出来，给你的部门经理发挥作用的空间，同时让自己腾出手来发挥更大的影响力。你将在路线图上花费更多时间。

- 从接受利益相关者的要求到深入了解这些要求背后的动机。

● 你会投入精力去了解其他人在做什么，以不断验证你的团队的努力是有价值的。

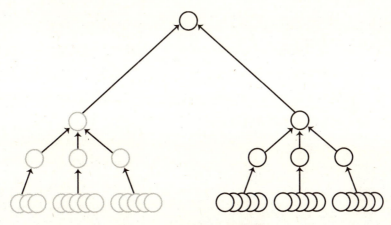

图 6-3　中层经理的组织结构图

当你花在团队上的时间减少时，你会想和你手下的经理们每周召开一次员工例会。我所见过的最好的方法是以每个与会者简短介绍新情况为开始，每个人最多几分钟，然后转入对共同话题的小组讨论。

主题可能包括有效的冲刺、规划、职业发展，或其他被证明有用的内容。如果做得好，这些讨论将成为你以及与你共事的经理们的关键学习论坛。

随着你的团队和你周围组织的成长，你将看到越来越多的例子，其中出现的不协调本来可以预防：两个团队在进行类似的项目，因为彼此并不了解；其中一个团队步履维艰，因为没有一个可靠的电子邮件服务，而你的团队实际上拥有一个。此时，是时候让每个团队撰写一份愿景文件了，让他们对团队的目标和完成这些目标的战略进行简明陈述。

对一些团队来说，撰写愿景文件会让他们感到非常沮丧，因为这将迫使他们对所有权分散和不明确的领域进行识别和协调。但这种痛苦是值得的。一旦你的愿景形成，它就会成为你的路线图的路标，并且将帮助你将利益相关者的要求与你的长期产品和技术战略相协调。

因此，你想开始越级一对一谈话的时候，应确保有直接的、开放的渠道与你手下的经理们和团队进行反馈。通常情况下，如果你在越级谈话时了解到了一些负面的东西，你在其他地方应该也已经了解到了，但严格的流程总会有一些冗余，没有什么东西能每次始终如一地工作。

组织管理

当你的组织开始变得更加庞大，而你主要对中层管理者进行管理时，规则再次发生了变化。图 6-4 展示了主管的组织结构图。你的员工例会会发生以下两种变化：

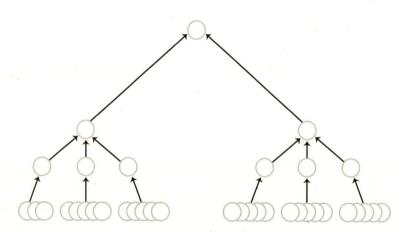

图 6-4　主管的组织结构图

- 会议上经理太多，他们甚至不能提供重要的最新情况。另外，讨论也变得很难进行，有几个人主导着对话。

- 你的会议现在包括了你手下的中层管理者，他们自己可能也会忽略团队正在做什么或正在努力做什么。

在这种情况下，我发现最有用的机制是确保每个团队在一个易于发现的管理看板中都有一套清晰的方向性指标。指标应包括团队的长期目标（用户采用、收入、返回用户等）和了解团队是否运转良好所需的运营基线（待命负荷、事件、可用性、成本等）。**对于每个指标，管理看板都应该明确三件事：当前值、目标值以及它们之间的趋势。**

现在，你的员工会议可以从快速的指标审查开始，以确定你是否需要深入研究某个地方，并且，你可以将注意力集中在超出时限或困难的项目上，而不是一味地做琐碎的工作。

在这一点上，我发现还有一个机制非常有用，那就是团队片段（team snippets）。这些片段每 2～4 周发布一次，展示每个团队的冲刺快照：团队成员在做什么、为什么这么做，以及他们接下来计划做什么。这些对你保持对团队工作的了解是很有价值的，但随着你在这个角色中变得越来越低效，它们对于分散组织中团队之间的协调和沟通也是非常宝贵的。

在这个过程中，请记住，你的老问题仍然存在，只是由其他人来处理了。当你推出新的流程来解决你的个人痛点时，你应该把流程移交给你手下的经理，并保持这些做法的完整和运行。这将给你留下一系列强化流程，支持你和受你支持的每一层管理。

人们偶尔会让我给他们推荐一些有助于他们职业生涯的书。我通常能马上想到几本，但我总觉得自己忘记的好书比推荐的书多得多。为了提供一个更好的答案，我给出了一些我读过的介绍领导力和管理的以及更为通用的图书。

这些书并非都是经典著作，有些甚至读起来有点枯燥，但它们改变了我的思考方式，这是我阅读它们的最大收获。它们大致按照我认为的价值性进行降序排列。

1.《系统之美》（*Thinking in Systems: A Primer*）

德内拉·梅多斯（Donella H. Meadows）著

对我来说，系统思维一直是对复杂问题进行推理的最有效的通用工具，这本书可读性强，对系统思维做了非常全面的介绍。

2.《别想那只大象》（*Don't Think of an Elephant!*）

乔治·莱考夫（George Lakoff）著

　　虽然这本书从政治角度出发，有些人可能会觉得读起来很有挑战性，但它完全改变了我之前对于该如何发表观点的看法。你可能会想读一读莱考夫更具学术性的文章，但我建议你先读这本书，因为它更简洁、可读性更强。

　　3.《人件》(*Peopleware*)

　　汤姆·德马科（Tom DeMarco）、蒂莫西·利斯特（Timothy Lister）著

　　这本书给了一代又一代的开发者谈论空间规划和开放式办公室挑战的机会。以数据为基础上的讨论尤为震撼。

　　4.《裕度》(*Slack*)

　　汤姆·德马科（Tom Demarco）著

　　该书记录了中层管理者作为组织记忆和学习发生关键层的一个引人注目的案例，并对效率和效率之间的差距进行了思考。

　　5.《人月神话》(*The Mythical Man-Month*)

　　弗雷德里克·布鲁克斯（Frederick Brooks）著

　　这是我读过的第一本专业书籍，这本书让我见到了大量供我阅读的软件工程文献。

　　6.《好战略，坏战略》(*Good Strategy, Bad Strategy*)

　　理查德·鲁梅尔特（Richard Rumelt）著

　　这本书让我意识到，我在职业生涯中看到的许多战略都欠佳。鲁梅尔特还为编写优秀的战略提供了一种结构化方法。

　　7.《目标》(*The Goal*)

埃利亚胡·高德拉特（Eliyahu M. Goldratt）著

该书探讨了如何使用约束理论来优化过程。

8.《团队协作的五大障碍》（*The Five Dysfunctions of a Team*）

帕特里克·兰西奥尼（Patrick Lencioni）著

9.《悲惨工作三征兆》（*The Three Signs of a Miserable Job*）

帕特里克·兰西奥尼（Patrick Lencioni）著

这是兰西奥尼的另一本书，阐释了使工作有所回报的三点模型。

10.《有限与无限的游戏》（*Finite and Infinite Games*）

詹姆斯·卡斯（James P. Carse）著

在大多数情况下，成功是让每个人都能继续参与游戏，而非零和结果。这似乎很明显，但对我来说，它帮助我重新认识到我为何工作。

11.《启发录》（*Inspired*）

马丁·卡根（Marty Cagan）著

本书介绍了一套周全缜密的产品管理方法。

12.《创新者的窘境》（*The Innovator's Dilemma*）

克莱顿·克里斯坦森（Clayton M. Christensen）著

看看在短期内的过度理性是如何导致许多大公司走向失败的。如今，我在做战略规划时经常会想到这一点。

13.《创业神话回顾》（*The E-Myth Revisited*）

迈克尔·格伯（Michael E. Gerber）著

领导层通常是在"处理"业务，而没有"深入"业务中去。深入业务工作，了解它是如何工作的，而不是编写系统，然后交付这么简单。

14.《关键沟通》（*Fierce Conversations*）

苏珊·斯科特（Susan Scott）著

该如何表达你应该说的话？这在提供克服冲突厌恶的结构方面尤其重要。

15.《成为技术领导者》（*Becoming a Technical Leader*）

杰拉尔德·温伯格（Gerald M. Weinberg）著

允许自己成为一名建立在自身优势之上的领导者，而不受员工观点的左右。

16.《认知与设计》（*Designing with the Mind in Mind*）

杰夫·约翰逊（Jeff Johnson）著

本书对可用性和设计进行了介绍，以大脑运作原理为基础。

17.《领导梯队》（*The Leadership Pipeline*）

拉姆·查兰（Ram Charan）、斯蒂芬·德罗特（Stephen Drotter）、詹姆斯·诺埃尔（James Noel）著

这本书让我大开眼界，一睹众多公司在有意培养新的领导层时是多么深谋远虑。

18.《经理人之道》（*The Manager's Path*）

卡米尔·福尼尔（Camille Fournier）著

19.《格鲁夫给经理人的第一课》（*High Output Management*）

安迪·格鲁夫（Andy S. Grove）著

20.《创始人》（*The First 90 Days*）

迈克尔·沃特金斯（Michael D. Watkins）著

21.《卓有成效的管理者》（*The Effective Executive*）

彼得·德鲁克（Peter F. Drucker）著

22.《点石成金》（*Don't Make Me Think*）

史蒂夫·克鲁格（Steve Krug）著

23.《最后期限》（*The Deadline*）

汤姆·德马科（Tom Demarco）著

24.《程序开发心理学》（*The Psychology of Computer Programming*）

杰拉尔德·温伯格（Gerald M. Weinberg）著

25.《项目百态》（*Adrenaline Junkies and Template Zombies*）

汤姆·德马科（Tom Demarco）、彼得·赫鲁什卡（Peter Hruschka）、蒂姆·利斯特（Tim Lister）、史蒂夫·麦克梅宁（Steve McMenamin）、苏珊娜·罗伯逊（Suzanne Robertson）和詹姆斯·罗伯逊（James Robertson）著

26.《咨询的奥秘》（*The Secrets of Consulting*）

杰拉尔德·温伯格（Gerald M. Weinberg）著

27.《开会开到死》(*Death by Meeting*)

帕特里克·兰西奥尼(Patrick Lencioni)著

28.《优势》(*The Advantage*)

帕特里克·兰西奥尼(Patrick Lencioni)著

29.《崛起》(*Rise*)

帕蒂·阿扎雷洛(Patty Azzarello)著

30.《创新者的解答》(*The Innovator's Solution*)

克莱顿·克里斯坦森(Clayton M. Christensen)、迈克尔·雷纳(Michael E. Raynor)著

31.《凤凰项目》(*The Phoenix Project*)

吉恩·金(Gene Kim)、凯文·贝尔(Kevin Behr)和乔治·斯帕福德(George Spafford)著

32.《加速》(*Accelerate*)

妮科尔·福斯格伦(Nicole Forsgren)、吉恩·金和杰兹·亨布尔(Jez Humblc)著

我一直喜欢举办论文阅读小组,和一群人坐下来讨论有趣的技术论文。要做到这一点,第一步是找出一些值得讨论的论文。下面这个列表中的论文,我曾见证它们引发热烈的讨论!

1.《Dynamo:亚马逊高可靠的数据存储技术》(*Dynamo: Amazon's Highly Available Key-Value Store*)

如果你只读了摘要，你对 Dynamo 论文没有十分感兴趣是合情合理的。本文介绍了 Dynamo 的设计和实现，这是一个高度可靠的数据存储系统，亚马逊的一些核心服务使用它来提供永久在线的体验。为了达到这种可用水平，Dynamo 在某些故障情况下牺牲了一致性。它广泛使用对象版本化（object versioning）和应用辅助的冲突解决，为开发人员提供了一个新的接口。

也就是说，这在某种意义上是现代系统论文中的"经典"。我遇到过很多在其职业生涯中只读过一篇系统论文的工程师，那就是这篇 Dynamo 论文。该论文对最终一致性、跨分布式存储协调状态、跨副本协调数据等方面进行了精彩介绍。

2.《电脑系统设计的一些启示》（*Hints for Computer System Design*）

巴特勒·兰普森（Butler Lampson）是美国计算机协会设立的图灵奖（以及其他奖项）的获得者，曾供职于施乐 PARC。这篇文章简明扼要地总结了他关于系统设计的许多想法，是一篇绝佳的作品。

用他的话说就是：

> 通过研究许多计算机的设计和实现，得出了一些系统设计的一般性启示。本文对它们进行了描述，并用许多例子加以说明，既包括 Alto 和 Dorado 等硬件，也包括 Bravo 和 Star 等应用程序。

这篇论文明确指出，它的目的不是要开辟任何新的领域，但它确实是一篇非凡的概述。

3.《大泥球》（*Big Ball of Mud*）

这是一篇针对大量关于宏大设计模式的论文，本文将最常见的构架模式称为"大泥球"，并探讨了为什么优雅的初始设计很少在系统从概念提出到解决方案确定过程中保持完整。

摘要：

　　虽然人们主要关注高级软件架构模式，但实际上很少讨论什么是真正的标准软件架构。本文研究了最常见的软件构架：大泥球。一个大的泥球是一个随意的，甚至是不规则的结构化系统。它的组织，更多是权宜之计而不是由设计决定的。然而，它的持续流行反映的并不只是人们对构架的普遍漠视。

这篇文章不仅充满了幽默感，而且指出了软件设计非常糟糕，鲜少有系统有设计阶段，鲜少有系统与初始设计相似（文档很少更新以反映后来的决策），因此这是一个引人深思的重要主题。

4.《谷歌文件系统》（*The Google File System*）

摘要：

　　文件系统已经成功地满足了我们的存储需求。它被广泛部署在谷歌内部，作为存储平台，用于生成和处理我们服务使用的数据，以及需要大型数据集的研发工作。迄今为止，最大的集群在 1 000 多台机器上的数千个磁盘上提供了数百兆字节的存储空间，支持数百个客户端同时访问。

本文为我们介绍了支持分布式应用而设计的文件系统接口扩展，讨论了我们的设计的许多方面，并对来自微型测试和实际使用的测量结果做了报告。

谷歌在定义硅谷的技术主题方面做出了一些相当了不起的贡献，至少可以说影响了整个技术行业。该公司在过去十年多的时间里一直保持这样的影响力，直到最近，Facebook 和 Twitter 才加入进来，虽然影响程度较轻，但它们已发展到了相当大的规模。谷歌主要通过一些重要的技术论文来定义这些主题。谷歌文件系统论文是该战略的早期作品之一，备受瞩目。它在很大程度上启发了 Hadoop 文件系统（HFS）。

5.《关于设计和部署互联网规模的服务》（*On Designing and Deploying Internet-Scale Services*）

我们总是忽视微软是最大的互联网技术参与者之一——尽管微软基于云计算的操作系统 Azure 正日益使这种地位变得明显和直接，然而在 2007 年，微软肯定不是人们脑海中马上能想到的名字。

詹姆斯·汉密尔顿（James Hamilton）的这篇优秀论文探讨了在极大规模下构建可操作系统的技巧，清楚地表明，没有将微软视为一个大型互联网参与者是我们集体判断中的一个失误。

摘要：

系统与管理员的比率通常被用作了解大规模服务的管理成本的一个粗略指标。在规模较小、自动化程度较低的服务中，这一比例可低至 2∶1。而在行业领先的、高度自动化的服务中，我们所见的比率高达 2 500∶1。在微软的服务中，自动驾驶经常被认为是 Windows Live Search 团队成功背后的法宝。搜索团队在实现系统与管理员高比率方面表现出了神奇之处。虽然自动管理很重要，但最重要的因素其实是服务本身。该服务是否能有效地实现自动化？它是否就是我们通常所说的操作便利？操作便利的服务几乎不需要人工干预，而且除了最隐蔽的故障外，还可以在没有行政干预的情况下检测和修复所有故障。本文总结了 MSN 和 Windows Live 多年来在扩展一些大型服务时积累的最佳实践。

这是一份关于如何设计和评估大型系统的真实清单，就像《12 因素 App》(*The Twelve-Factor App*) 一文希望被当作可操作应用的清单那样。

6.《12 年后的 CAP：规则是如何改变的》(*CAP Twelve Years Later: How the 'Rules' Have Changed*)

艾瑞克·布鲁尔（Eric Brewer）在 20 世纪初提出了 CAP 原理，12 年后他撰写了这篇关于 CAP 的优秀概述和评论（该文认为分布式系统在分区时必须在可用性或一致性之间做出选择），以下是这篇论文的基本原理，用他的话来说就是：

> 在 CAP 提出后的 10 年里，设计者和研究人员将（有时是滥用）CAP 定理作为探索各种新型分布式系统的理由。NoSQL 的发展也将其作为反对传统数据库的论据。

CAP 原理很值得玩味，因为尚没有一篇"开创性的 CAP 论文"，但是这篇文章很好地起到了替代作用。这些想法在《收获和产量》(*Harvest and Yield*) 一文中得到了扩展。

7.《收获、产量和可扩展的耐性系统》(*Harvest, Yield, and Scalable Tolerant Systems*)

本文以《12 年后的 CAP：规则是如何改变的》的概念为基础，引入了收获和产量的概念，为关于 AP 与 CP 的讨论增加了更多细微差别。

由于当今互联网应用程序的空前规模和坚固性需求，将一致性和状态管理与高可用性协调起来的成本高度增大。我们提出了两种策略，使用简单的机制来提高整体的可用性，这些机制可以扩展到输出行为可以容忍适度退化的大型应用。我们从收获和产量的角度来描述这种退化，并将其直接映射到工程机制上，通过改善故障隔离来提高可用性，并在某些情况下简化编程。通过在文献中收集相关技术的例子可以说明，从这些方法中受益的应用范围令人惊讶，我们希望在这一领域激发更广泛的研究课题。

收获和产量的概念特别有趣，因为它们的意义显而易见，却很少被明确使用，分布式系统反而继续以未被定义的方式出现。希望随着我们不断重读这篇论文，也会开始把它的设计概念纳入到我们之后建立的系统！

8.《MapReduce：大型集群上的简单数据处理》（*MapReduce: Simplified Data Processing on Large Clusters*）

这篇 MapReduce 论文是一个很好的例子，它提出的理念非常成功，现如今对人们来说已是明确的概念。为大规模应用函数式编程概念的想法吹响了号角，引发了从数据仓库到数据分析新范式的转变。

> MapReduce 是用于处理和生成大型数据集的编程模型与相关实现。用户指定一个 map 函数，通过这个函数来处理一个键—值（key/value）对，并且产生成一系列中间键—值对，并使用 reduce 函数来合并所有具有相同 key 值的中间键–值对中的值部分，正如本文之后会展示的那样。现实生活的很多任务都可以用这个模型来表达。

就像《谷歌文件系统》这篇论文是 Hadoop 文件系统的灵感来源一样，这篇论文对 Hadoop 也具有重要的启发意义。

9.《Dapper：大规模分布式系统追踪基础设施》（*Dapper, a Large-Scale Distributed Systems Tracing Infrastructure*）

这篇 Dapper 论文介绍了一种跟踪多个服务请求的高性能方法，随着越来越多的公司将核心单一调度程序重构为几十或几百个微服务，这种方法变得越来越重要。

摘要：

　　这里我介绍了 Dapper 的设计——Google 的分布式系统追踪基础设施，之后描述了我们低开销、应用级透明、在大规模系统上无处不在地部署的设计目标是如何实现的。Dapper 与其他追踪系统在概念上是相同的，尤其是 Magpie 和 X-Trace，但是我们所做出的设计选择是在我们环境中成功的关键，例如抽样的使用和将自动化检测（instrumentation）限制在非常小的通用库中。

Dapper 的思想已经进入开放源代码，特别是在 Zipkin 和 OpenTracing 中。

10.《Kafka：用于日志处理的分布式消息系统》(*Kafka: a Distributed Messaging System for Log Processing*)

Apache Kafka 已经成为许多互联网公司的核心基础设施。它的多功能性使它可以扮演许多角色，对一些公司来说是进入"数据领地"的入口，对另一些公司来说是一个持久的队列。而这仅仅是表面现象。

Kafka 不仅是你工具箱中一个有用的补充工具，也是一个精心设计的系统。

　　日志处理已经成为互联网公司数据管道的重要组成部分。Kafka 是我们开发的一种分布式消息系统，用于低延迟收集和传递大量日志数据。我们的系统整合了现有日志收集和消息系统的思想，并适用于离线和在线的消息消费。我们在 Kafka 中做了一些非传统但实用的设计来提高系统的效率和可扩展性。实验结果表明，与两种流行的消息系统相比，Kafka 具有更好的性能。我们在生产中使用 Kafka 已经有一段时间了，它每天处理数百 GB 的新数据。

特别要说的是，Kafka 的分区做得非常好，迫使应用设计人员做出明确的决定，权衡性能，以获得可预测消息的有序性。

11.《Wormhole：支持地理复制互联网服务的发布—订阅系统》(*Wormhole: Reliable Pub-Sub to Support Geo-Replicated Internet Services*)

Facebook 的 Wormhole 在许多方面与 Kafka 类似，是另一个高度可扩展的消息传递方式。

> Wormhole 是一个发布—订阅系统，开发用于 Facebook 的地理复制数据中心。它被用来可靠地复制包括 TAO、Graph Search 和 Memcache 在内的几个 Facebook 服务之间的变化。本文描述了 Wormhole 的设计和实现，以及扩展系统以支持 Facebook 部署的多个数据存储系统的操作挑战。我们的 Wormhole 传输生产部署在所有部署中以稳定状态（5 000 万条消息 / 秒或 5 万亿条消息 / 天）传输超过 35GB/ 秒，故障恢复期间的突发速度高达 200GB/ 秒。我们证明了 Wormhole 以低延迟向订阅者发布更新，这些订阅者可以在不影响效率的情况下以不同的速率完成更新。

特别要注意在不牺牲整体系统吞吐量的情况下支持落后用户的方法。

12.《Borg、Omega 和 Kubernetes》(*Borg, Omega, and Kubernetes*)

虽然单独介绍谷歌每个编排系统（Borg、Omega 和 Kubernetes）的论文都值得一读，但这篇文章是对这三个系统的出色概述。

尽管对软件容器广泛传播的兴趣是最近兴起的现象，但在谷歌我们已经大规模使用 Linux 容器十几年了，期间我们构建了三种不同的容器管理系统。每一个系统都深受之前的系统的影响，尽管它们的诞生原因不同。这篇文章描述了我们在研发和使用它们的过程中得到的经验教训。

幸好，并非所有编排系统都是由谷歌支持的，Apache Mesos 的替代品两层调度架构也很不错。

13.《Google 使用 Borg 进行大规模集群的管理》（*Large-Scale Cluster Management at Google with Borg*）

Borg 协调安排谷歌的大部分基础设施已经有相当长的时间了（明显早于 Omega，尽管令人着迷的是，Omega 的论文比 Borg 的论文要早上两年）。

谷歌的 Borg 系统群集管理器运行几十万个以上的作业，来自几千个不同的应用，跨多个集群，每个集群有上万个机器。

这篇文章对 Borg 的集中式调度模型进行了分析，它既有效又高效，尽管随着时间的推移，它在修改和扩展方面变得越来越困难。Borg 启发了 Omega 和 Kubernetes 的设计。Omega 就是谷歌为了取代 Borg 设计的，Kubernetes 似乎是为了将设计者的经验商业化，或者至少是为了防止 Mesos 占据太多市场影响力而开发的。

14.《Omega：用于大型计算集群的灵活、可扩展的调度器 》（*Omega: Flexible, Scalable Schedulers for Large Compute Clusters*）

Omega 充分代表了第二系统效应，它试图用更优雅的东西取代一个复杂的现有系统，结果却比预期的更具挑战性。

特别是 Omega 是对扩展的老化的 Borg 系统的改变。

当下中央单一调度方式很难满足不断增长的规模和对不断变化所需的快速响应。这限制了新功能的部署速度,降低了效率和利用率,并将最终限制集群的增长。我们提出了一种新的方法来解决这些需求,使用并行性、共享状态和无锁乐观的并发控制。

也许这又也是一个"坏点儿的反而更好"占据上风的例子。

15.《Mesos:数据中心细粒度资源共享平台》(*Mesos: A Platform for Fine-Grained Resource Sharing in the Data Center*)

本文介绍了 Apache Mesos 的设计,特别是其独特的两级调度机制。

本文介绍 Mesos,一个实现了在多个不同的集群架构上(比如 Hadoop、MPI)共享商品计算机集群(share commodity cluster)的平台。这种共享提升了集群的利用率,并且防止了每个架构的数据重复。Mesos 通过一个细粒度的管理器共享资源,通过在每台机器上轮流读取数据语序不同架构的集群实现数据本地化。为了支持当下集群架构复杂的调度器,Mesos 引入了一种分布式的两层的调度机制,被称作"资源提供"(resource offer)。Mesos 决定对每个集群架构分配多少资源,而集群架构决定接受哪些资源以及在这些资源上运行哪些计算。

我们的结果表明当在不同集群架构中共享集群时,Mesos 能够实现近乎最优化的数据本地化,可以扩展到 50 000 个节点(在模拟状态下),并且具有故障恢复能力。

在 Twitter 和苹果公司的大量使用下,Mesos 在一段时间内是唯一被大量采用的开源通用调度器。它现在正在与 Kubernetes 进行一场精彩的思想分享比赛。

16.《基于容器的分布式系统设计模式》（*Design Patterns for Container-Based Distributed Systems*）

向基于容器的部署和协调的转变，引入了一套全新的词汇，包括"随航"（sidecar）和"适配器"。本文对过去十年来的模式进行了调查，因为微服务和容器已经成为越来越突出的基础设施组件。

在20世纪80年代末和90年代初，面向对象编程彻底改变了软件的开发方式，使用模块化的组件进行应用程序构建变得更为普遍。时至今日，我们看到分布式系统开发领域也在经历类似的变革，基于容器化软件组件构建的微服务架构正变得越来越流行。容器，依赖其在容器化领域内创立的多重优点，已经成为分布式系统构建的基础"对象"。随着架构风格的成熟，我们也看到了设计模式的涌现，就像我们在面向对象编程时一样，出于对细粒度代码细节的封装抽象，最终揭示了在各种应用程序和算法中相通的更高级的设计模式。

17.《Raft：寻找一种易于理解的一致性算法》（*Raft: In Search of an Understandable Consensus Algorithm*）

当第二系统相对于简单的初始系统变得臃肿和复杂时，我们经常看到第二系统效应。

然而，在Paxos和Raft的案例中，它们的角色互换了。人们通常认为Paxos无法理解的，Raft相当容易阅读。

Raft是一种用于管理复制日志的一致性算法。它产生的结果等同于 Paxos 或多于 Paxos，它和 Paxos 一样高效，但它的结构与 Paxos 不同。这使得 Raft 更容易理解并且更易于建立实际的系统。为了方便理解，Raft 将一致性算法分为几个部分，如领导者选拔、日志复制和安全性，同时它使用了更强的一致性来减少必须考虑的状态。从用户学习的结果来看，Raft 比 Paxos 更容易学会。Raft 还包含一种动态改变集群成员的新机制，它使用重叠大多数（overlapping majorities）来保证安全。

Raft 被 etcd 和 influxDB 等众多机构使用。

18.《Paxos 如此简单》（*Paxos Made Simple*）

在莱斯利·兰伯特（Leslie Lamport）众多有影响力的论文中，《Paxos 如此简单》是一篇瑰宝，它解释了众所周知的复杂 Paxos 算法，也说明了即使在最简单的情况下，Paxos 也不是那么简单：

> 用于实现高容错性分布式系统的 Paxos 算法，一直以来总是被认为是难以理解的，或许是因为对很多人来说，初始版本就如同天书一般。实际上，它也算是最显而易见的分布式算法之一。其核心是一个一致性算法——synod 算法。下一节将展示这种一致性算法几乎不可避免地遵循我们希望它满足的属性。最后一节解释了完整的 Paxos 算法，它是通过将一致性直接应用于构建分布式系统的状态机方法而获得的。这种方法应该是众所周知的，因为它可能是关于分布式系统理论最常被引用的文章的主题。

Paxos 本身仍然是一个极具创新性的概念，是谷歌 Chubby 和 Apache Zookeeper 等众多产品背后的算法。

19.《SWIM：一种可扩展的弱一致性传染风格的进程组成员协议》（*SWIM: Scalable Weakly-Consistent Infection-Style Process Group Membership Protocol*）

大多数一致性算法的重点是在分区过程中保持一致，SWIM 却反其道而行之，关注可用性。

　　一些分布式的点对点应用程序在整个过程中需要知道进程组成员的弱一致性信息。SWIM 是一个通用的软件模型，能够为大规模的进程组提供服务。传统心跳协议的不可伸缩性促使了 SWIM 的出现，因为传统心跳协议要么增加了网络负荷，随着成员的规模呈 2 次方增加，要么增加响应时长或者误检测出进程奔溃的频率。本文对在大型商用 PC 集群上的 SWIM 子系统的设计、实现和性能做了报告。

HashiCorp 的软件和 Uber 的 Ringpop 软件都使用了 SWIM。

20.《拜占庭将军问题》（*The Byzantine Generals Problem*）

莱斯利·兰伯特关于一致性的另一篇经典论文《拜占庭将军问题》，探讨了分布式参与者有意或无意提交错误消息该如何处理。

　　可靠的计算机系统必须处理那些向系统的不同部分提供冲突信息的故障部件。这种情况可以抽象地表示为一群拜占庭将军，他们指挥自己的部队在敌人的城市周围扎营。这些将军只通过信使进行沟通，他们必须就一个共同的作战计划达成共识。然而，他们中的一个或多个可能是叛徒，这些叛徒会试图迷惑其他人。问题是要找到一种算法来确保忠诚的将军们能够达成共识。研究表明，如果仅使用口头信息，当且仅当 2/3 以上的将军忠诚时，这个问题才是可解的；所以一个叛徒可以迷惑两个忠诚的将军。如果使用不可伪造的书面信息，对于任何数量的将军和可能的叛徒来说，这个问题都是可解的。本文之后讨论了解决方案在可靠计算机系统中的应用。

这篇论文主要集中在形式证明上，这是兰伯特的一个主题，他开发 TLA+ 是为了使形式证明更容易。这篇论文它也是有效地提醒了人们，我们仍然倾向于假设我们的组件会表现得可靠和诚实，也许我们不应该这样做。

21.《走出焦油坑》(*Out of the Tar Pit*)

《走出焦油坑》一文重点介绍软件中不必要的复杂性，并提出函数式编程和更好的数据建模可以帮助我们减少偶然的复杂性。作者认为，大多数不必要的复杂性来自状态。

摘要：

> 复杂性是成功开发大规模软件系统的唯一主要困难。继 Brooks 之后，我们将偶然的困难与基本的困难区分开来，但不认同他的前提，即当代系统中的大部分复杂性是必不可少的。我们确定了导致复杂性的常见原因，并讨论了可以采取的一般方法，以消除它们在本质上的偶然性。为了使事情更加具体，我们给出了一个基于函数式编程和 Codd 数据关系模型的潜在复杂性最小化方法的概要。

这篇论文当然是一篇好文章，然而令人迷惑的是，10 年后再去阅读，我们会发现这些方法仍没有得到特别的发展。降低复杂性的最接近"通用"的方法似乎是转向大量基本上无状态的服务。这也许更多的是减少局部的复杂性，以牺牲更大的系统复杂性为代价，然后将其维护委托给更专业的系统工程师。

（这又是一篇让我希望 TLA+ 能够成为一种普遍采用的工具的论文。）

22.《Chubby：面向松散耦合的分布式系统的锁服务》（*The Chubby Lock Service for Loosely-Coupled Distributed Systems*）

即使不频繁地重新实施 Paxos 或 Raft，分布式系统也已经足够困难了。Chubby 提出的模型是在一个共享服务中实现一次一致性，这将允许构建在其上的系统通过遵循大大简化的模式来共享分发的弹性。

摘要：

> 本文描述了我们在 Chubby 锁服务方面的经验，该服务旨在为松散耦合的分布式系统提供粗粒度的锁以及可靠的（尽管是低容量的）存储。Chubby 提供了一个界面，十分类似带有建议锁的分布式文件系统，但设计重点是可用性和可靠性，而不是高性能。该服务的许多实例已经使用了一年多，其中有几个实例都能同时处理几万个客户。本文描述了最初的设计和预期的使用情况，将其与实际使用情况进行了比较，并解释了如何修改设计以适应不同情况。

在开源世界中，Zookeeper 在 Kafka 和 Mesos 等项目中的使用方式与 Chubby 的作用相同。

23.《Bigtable：结构化数据的分布式存储系统》（*Bigtable: A Distributed Storage System for Structured Data*）

这是谷歌的一篇杰出的论文。Bigtable 这项技术就是谷歌开发的，它是一个早期（至少在互联网时代早期）的 NoSQL 数据存储技术，以极高的规模运行，建立在 Chubby 之上。

Bigtable 是一个用于管理结构化数据的分布式存储系统，其设计可扩展到非常大的规模：跨越数千台商品服务器的 PB 级数据。谷歌的许多项目将数据在 Bigtable 中存储数据，包括网络索引、谷歌地球和谷歌金融。这些应用对 Bigtable 提出了非常差异化的要求，包括数据大小（从 URL 到网页到卫星图像）和延迟要求（从后端批量处理到实时数据服务）。尽管有这些不同的需求，Bigtable 还是成功地为所有这些谷歌产品提供了灵活、高性能的解决方案。在本文中，我们描述了 Bigtable 提供的简单数据模型，它为客户提供了对数据布局和格式的动态控制，并描述了 Bigtable 的设计和实现。

从 SSTable 设计到 bloom 过滤器，Cassandra 从 Bigtable 论文继承了很多东西，恰当来说，可也被当作是 Dynamo 和 Bigtable 论文的结合。

24.《Spanner：谷歌的全球分布式数据库》（*Spanner: Globally-Distributed Database*）。

许多早期的 NoSQL 存储系统以最终的一致性换取了更高的恢复能力，但在最终一致的系统之上构建可能会令人痛苦。Spanner 代表了谷歌提供强大一致性和分布式可靠性的一种方法，部分基于一种新的时间管理方法。

Spanner 是谷歌的可扩展、多版本、全球分布和同步复制的数据库。它是第一个在全球范围内分发数据并支持外部一致的分布式事务的系统。本文描述了 Spanner 的结构，它的功能集、各种设计决策的基本原理，以及暴露时钟不确定性的新型时间 API。该 API 及其实现对于支持外部一致性和各种强大的功能至关重要——如过去的非阻塞读取、无锁只读事务，以及跨所有 Spanner 的原子模式更改。

我们还没有看到任何开源的 Spanner 等同物，但我想我们很快就会开始看到它们。

25.《安全密钥：现代网络的实用密码第二要素》（*Security Keys: Practi-*

cal Cryptographic Second Factors for the Modern Web）

像 YubiKey 这样的安全密钥已经成为最安全的第二身份验证因素，谷歌的这篇论文解释了它们产生的动机，以及使它们工作的设计。

摘要：

安全密钥是保护用户免受网络钓鱼和中间人攻击的第二要素设备。用户携带一台设备，可以在任何支持该协议的在线服务中自行注册。这些设备易于实现和部署，使用简单，保护隐私，并能抵御强大的攻击。

通过对从谷歌内部开始并扩展到面向消费者的 Web 应用程序的两年部署进行分析，我们证明了安全密钥可以提高安全性和用户满意度。该安全密钥设计已由 FIDO 联盟标准化，该组织在该行业拥有 250 多家成员公司。目前，谷歌、Dropbox 和 GitHub 已经部署了安全密钥。

这些密钥也非常便宜！购买一些，一两天后，它们就可以开始保障你的生活。

26.《BeyondCorp：谷歌的设计到部署》（*BeyondCorp: Design to Deployment at Google*）

这篇论文在 2014 年发表的 BeyondCorp 原始论文的基础上，进行了更加详细的论述，这得益于两年多迁移推动的智慧。尽管如此，大概念仍然相当一致，与 BeyondCorp 论文本身相比，也没有太多新的内容。如果你没有读过那篇精彩的论文，这也是一个同样好的起点。

谷歌 BeyondCorp 计划的目标是提高员工和设备访问内部应用程序的安全性。与传统的周边安全模式不同，BeyondCorp 不基于用户的物理位置或发起网络对服务和工具的访问进行限制，相反，访问策略是基于有关设备、其状态和关联用户的信息。BeyondCorp 认为内部网络和外部网络都是完全不可信的，并通过动态断言和强制执行访问级别或访问层来屏蔽对应用程序的访问。

正如我阅读谷歌论文时经常遇到的情况一样，我最大的收获就是想知道，我们什么时候才能开始看到本文中描述的技术的可重用、可插拔的开源版本。

27.《全球分布式存储系统的可用性》(*Availability in Globally Distributed Storage Systems*)

本文探讨了如何考虑复制分布式系统中的可用性，对于我们这些试图确定有何正确方法可以测量存储层或任何其他足够复杂的系统的正常运行时间的人来说，这是一个有用的起点。

摘要：

我们根据对谷歌主要存储基础设施为期一年的广泛研究，描述了云存储系统的可用性属性，并提出了统计模型，以便进一步了解多种设计选择的影响，如数据放置和复制策略。通过这些模型，我们比较了各种系统参数下的数据可用性，并给出我们 fleet 中观察到的实际故障模式。

尤其令人感兴趣的是对相关故障的关注，其前提是分布式系统的用户只有在多个组件出现重叠故障时才会经历故障。一个意料之中但令人欣慰的观察结果是，在谷歌的规模下（并且资源分布在机架和地区之间），大多数故障来自调整和系统设计，而不是来自底层硬件。

在这种情况下，他们对可用性的定义如此简单，我也感到惊讶。

> 当一个存储节点未能对我们的监控系统发送的定期健康检查 ping 做出积极响应时，它就变得不可用。在该节点恢复响应或存储系统从其他幸存节点重建数据之前，该节点将保持不可用状态。

通常情况下，对可用性的讨论将变得反复无常（响应率应该超过 X，而不是有正确的结果，并且在我们的延迟 SLO 之内），看到最简单的定义仍然可用，令人欣慰。

28.《仍然在一台服务器上：规模化的 Perforce》（*Still All on One Server: Perforce at Scale*）

随着公司的发展，代码托管性能成为整体开发人员生产力的关键因素之一（与构建和测试性能一样），但这是一个不经常被讨论的话题。谷歌的这篇论文讨论了他们扩展 Perforce 的经验。

> 谷歌运行着地球上最繁忙的单一 Perforce 服务器，也是所有源码控制系统中最大的存储库之一。本文从这个高水位线出发，探讨了服务器的性能和其他规模问题。规模，涉及我们的现状、我们是如何走到这一步的，以及我们如何继续领先用户一步的问题。

当你考虑到公司在扩展 Git 单一代码库（monorepos）的过程中遇到的困难时，这篇论文尤其令人印象深刻。

29.《使用 ClangMR 进行大规模的自动重构》（*Large-Scale Automated*

Refactoring Using ClangMR）

大型代码库的老化情况往往很糟糕，特别是在单一代码库存储着成百上千个不同团队不同项目的合作成果的情况下。本文介绍了谷歌为减少维护其大型单一代码库的负荷所做的尝试之一，该工具可以轻松地在整个代码库中重写抽象语法树（Ast）。

摘要：

在本文中，我们介绍了一个真实世界的系统实现，以有效地重构大型 C++ 代码库。ClangMR 是 Clang 编译器框架和 MapReduce 并行处理器的结合，它使代码维护者能够轻松作业、正确地改造大型代码集。我们描述了这样一个工具背后的动机和它的实现，然后展示了我们在谷歌的 C++ 代码库的 API 更新中使用它的经验。

类似的工作也在 Pivot 中进行。

30.《源代码更新不是重构》（*Source Code Rejuvenation is not Refactoring*）

本文介绍了"代码更新"的概念。这是一个单向的过程，随着新的语言特性和库的出现，它将朝着更清晰的抽象方向发展，尤其适用于庞大的旧代码库。

摘要：

在本文中，我们提出了源代码更新的概念，即遗留代码的自动迁移，并简要介绍了我们用来实现这一点的工具。虽然重构改进了结构上不足的源代码，通过发现和替换可以借由更高层次的软件抽象表达的编码模式，源代码恢复可以利用增强的程序语言和库设施。提高抽象级别有利于软件的可维护性、安全性和性能。

这项工作在谷歌的 ClangMR 论文中得到了一些强烈的回应。

31.《寻找构建债务：在谷歌管理技术债务的经验》(*Searching for Build Debt: Experiences Managing Technical Debt at Google*)

本文是一篇有趣的文章，介绍了如何在活代码库中执行大规模迁移。以失败的构建为例，他们将自己的策略分解为三大支柱：自动化、使做正确的事情变得容易，以及使做错误的事情变得困难。

摘要：

由于拥有一个庞大且快速变化的代码库，谷歌的软件工程师不断为各种形式的技术债务支付"利息"。谷歌的工程师也在努力偿还这些债务，无论是通过特殊的"维修日"，还是通过专门的团队，包括各种各样的看门人、栽培者或拆除专家。我们描述了几个相关的工作，以度量和偿还在谷歌的 BUILD 文件和相关的死代码中发现的技术债务。我们解决依赖项规范、不可构建的目标和不必要的命令行标志中的债务问题。这些尝试往往会暴露必须先管理的其他形式的技术债务。

32.《没有银弹：软件工程中的根本和次要问题》(*No Silver Bullet—Essence and Accident in Software Engineering*)

这是《人月神话》一书作者的一篇开创性论文，《没有银弹》扩展了对次要复杂性与根本复杂性的讨论，并认为次要复杂性已不足以让个体减少次要复杂性，从而显著提高工程师生产率。

摘要：

过去在软件生产力方面取得的巨大进步，大多来自消除那些使次要任务变得异常困难的人为障碍，例如严重的硬件限制、笨拙的编程语言、缺乏机器时间。现在的软件工程师所做的工作中，有多少仍然是致力于次要任务，而不是根本任务的？除非它超过了9/10的尝试。将所有次要的活动缩减到零时间，并不会带来数量级的改进。

我认为有趣的是，我们确实看到大型代码库中的次要复杂性变得足够大，从而带来量级的改进（例如促使谷歌在 ClangMR 等方面的投资），因此，在向本质复杂性的转变方面，我们可能并没有像我们希望的那样遥遥领先。

33.《UNIX 分时系统》(*The UNIX Time-Sharing System*)

本文介绍了自 1974 年起 UNIX 的基础知识。真正引人注目的是，许多设计决策至今仍在使用。既包括我们用 Chmod 操作的权限模型，也包括用于操作文件的系统调用，令人惊讶的是有许多东西仍然保持原样。

摘要：

UNIX 是数字设备公司 PDP-11/40 和 11/45 计算机的通用、多用户、交互式操作系统。它提供了许多甚至在更大的操作系统中都很少见的功能，包括可拆卸卷的分级文件系统，兼容的文件、设备和进程间输入／输出，启动异步进程的能力，系统命令语言可按用户选择，超过 100 个子系统，包括十几种语言。本文讨论了文件系统和用户命令接口的性质和实现。

　　他们的观点也很吸引人，UNIX 的成功部分在于它的作者是为了解决一个普遍的问题（用 PDP-7 工作令人沮丧），而不是为了向一个更具体的目标前进。

　　在此我想特别表示一下感谢。本书是在我婚礼前的几个月内完成的，我很感谢劳雷尔贡献的想法和提供的帮助。感谢布里安娜·沃次夫森（Brianna Wolfson）和泰勒·汤普森（Tyler Thompson），没有他们，这本书就不会存在。最后，要感谢我的妹妹霍普，她一向才华横溢，成为作家指日可待。

未来，属于终身学习者

我们正在亲历前所未有的变革——互联网改变了信息传递的方式，指数级技术快速发展并颠覆商业世界，人工智能正在侵占越来越多的人类领地。

面对这些变化，我们需要问自己：未来需要什么样的人才？

答案是，成为终身学习者。终身学习意味着永不停歇地追求全面的知识结构、强大的逻辑思考能力和敏锐的感知力。这是一种能够在不断变化中随时重建、更新认知体系的能力。阅读，无疑是帮助我们提高这种能力的最佳途径。

在充满不确定性的时代，答案并不总是简单地出现在书本之中。"读万卷书"不仅要亲自阅读、广泛阅读，也需要我们深入探索好书的内部世界，让知识不再局限于书本之中。

湛庐阅读 App: 与最聪明的人共同进化

我们现在推出全新的湛庐阅读 App，它将成为您在书本之外，践行终身学习的场所。

- 不用考虑"读什么"。这里汇集了湛庐所有纸质书、电子书、有声书和各种阅读服务。
- 可以学习"怎么读"。我们提供包括课程、精读班和讲书在内的全方位阅读解决方案。
- 谁来领读？您能最先了解到作者、译者、专家等大咖的前沿洞见，他们是高质量思想的源泉。
- 与谁共读？您将加入优秀的读者和终身学习者的行列，他们对阅读和学习具有持久的热情和源源不断的动力。

在湛庐阅读 App 首页，编辑为您精选了经典书目和优质音视频内容，每天早、中、晚更新，满足您不间断的阅读需求。

【特别专题】【主题书单】【人物特写】等原创专栏，提供专业、深度的解读和选书参考，回应社会议题，是您了解湛庐近千位重要作者思想的独家渠道。

在每本图书的详情页，您将通过深度导读栏目【专家视点】【深度访谈】和【书评】读懂、读透一本好书。

通过这个不设限的学习平台，您在任何时间、任何地点都能获得有价值的思想，并通过阅读实现终身学习。我们邀您共建一个与最聪明的人共同进化的社区，使其成为先进思想交汇的聚集地，这正是我们的使命和价值所在。

CHEERS

湛庐阅读 App
使用指南

读什么
- 纸质书
- 电子书
- 有声书

怎么读
- 课程
- 精读班
- 讲书
- 测一测
- 参考文献
- 图片资料

与谁共读
- 主题书单
- 特别专题
- 人物特写
- 日更专栏
- 编辑推荐

谁来领读
- 专家视点
- 深度访谈
- 书评
- 精彩视频

HERE COMES EVERYBODY

下载湛庐阅读 App
一站获取阅读服务

图书在版编目（CIP）数据

工程管理的要素 /（美）威尔·拉森著；王琰，来
梦露，魏胜群译. -- 杭州：浙江教育出版社，2024.1
ISBN 978-7-5722-6891-5

Ⅰ. ①工… Ⅱ. ①威… ②王… ③来… ④魏… Ⅲ.
①工程管理－基本知识 Ⅳ. ①F40

中国国家版本馆CIP数据核字(2023)第239383号

浙江省版权局
著作权合同登记号
图字:11-2023-358号

上架指导：管理 / 工程师思维

工程管理的要素
GONGCHENG GUANLI DE YAOSU

［美］威尔·拉森（Will Larson）　著

王琰　来梦露　魏胜群　译

责任编辑： 胡凯莉　陈　煜
美术编辑： 韩　波
责任校对： 刘姗姗
责任印务： 陈　沁
封面设计： ablackcover.com
出版发行： 浙江教育出版社（杭州市天目山路 40 号）
印　　刷： 唐山富达印务有限公司
开　　本： 710mm × 965mm 1/16
印　　张： 17.25　　　　　　**字　　数：** 246 千字
版　　次： 2024 年 1 月第 1 版　　**印　　次：** 2024 年 1 月第 1 次印刷
书　　号： ISBN 978-7-5722-6891-5　　**定　　价：** 109.90 元

如发现印装质量问题，影响阅读，请致电 010-56676359 联系调换。